COLLANA
STORIA MERIDIONALE

2

COMITATO SCIENTIFICO:

Francesco Barra, Giuseppe Cirillo, Giovanni Brancaccio, Alfonso Tortora

UGO DELLA MONICA

MARIA SOFIA DI BORBONE E MARIA JOSÉ DI SAVOIA

Ritratti paralleli

TEREBINTO
EDIZIONI

con il contributo della
Regione Campania

La monarchia non è un partito.
È un istituto mistico, irrazionale, capace di suscitare negli uomini,
sudditi e principi, incredibile volontà di sacrificio.
Deve essere un simbolo caro o non è nulla.

Umberto II di Savoia

SOMMARIO

INTRODUZIONE

Queste pagine nascono dal mio interesse per le vicende storiche e personali di due regine che hanno governato per poco tempo: Maria Sofia Wittelback-Borbone e Maria José del Belgio-Savoia e che, nonostante la breve parentesi di regno, si sono imposte alle cronache del tempo ed alla storia per la loro vivacità culturale.

Attraverso la lettura dei documenti si delinea la vicenda storica e umana di queste due regine che, nel tempo in cui vissero, furono forse troppo moderne fino a risultare provocatorie. Due donne dalla forte personalità che hanno vissuto il crollo dei regni, sui quali per destino si trovarono a governare. Inoltre è noto che esisteva uno stretto rapporto di parentela che univa Maria Sofia e Maria Jose: infatti la madre di Maria José era figlia di un fratello di Maria Sofia.

Analizzerò i profili di queste due donne, rimarcandone le analogie e le diversità che hanno contraddistinto i loro comportamenti partendo dalla nascita avvenuta tra la Baviera e il Belgio, fino alla comune morte in esilio, attraversandone le ragioni di Stato, la diplomazia, i matrimoni sbagliati, le guerre, i pettegolezzi e le separazioni, i complotti e, soprattutto, esaltandone la grande cultura e la vitalità intellettuale che hanno contraddistinto queste due donne-regine con l'essere state totalmente anticonformiste e al di fuori da tutte quelle regole che, sia la corte borbonica, sia quella sabauda avevano cercato, invano, di imporre loro.

Un punto importante di queste vite che andremo a osservare parallelamente è costituito, come ovvio, dal loro matrimonio. Per la comune ragion di Stato esse erano state indotte a sposare due giovani principi, Francesco e Umberto, entrambi eredi di regni centenari ma che, per la loro incapacità da una lato e per il troppo zelo dall'altro, non avevano saputo, o voluto, tenere testa a i loro valorosi ed energici antenati e perciò avevano visto, sotto le proprie mani, disgregarsi il potere regio, insieme a secoli di storia familiare. Due re galantuomini passati però alla storia con i rispettivi buffi soprannomi: Francesco si era visto appioppare dal padre il soprannome *Lasà*, per quella sua abitudine e voracità a rimpinzarsi di lasagne, e dal popolo quello di *Franceschiello*, quasi a voler sminuire il ruolo che ricopriva; Umberto, invece, aveva trascorso gran parte della vita con il vezzeggiativo di *Beppo* che la mamma, la regina Elena donna eccessivamente premurosa nei suoi riguardi, quasi in modo soffocante, gli aveva affidato considerando il fatto che fosse l'unico maschio della casa circondato da quattro sorelle. Certamente un *Lasà* o un *Beppo* non sarebbero passati alla storia come gli artefici antirivoluzionari che avrebbero sconfitto i Savoia, Garibaldi e Cavour il primo, e i controversi legami col fascismo, la nascita della democrazia e l'avanzata della politica di partito il secondo, controvertendo così quello che è stato il corso della storia che, in definitiva, si è dimostrato essere quello giusto.

A loro discapito, però, c'è da dire che il mite carattere che li contraddistingueva se da una parte, non ha certo permesso loro di mantenere in vita i rispettivi regni, dall'altra ha permesso di non mettere a repentaglio la vita di gran parte degli amati sudditi che certamente si sarebbero messi a combattere, se saggiamente guidati dai rispettivi sovrani, una fratricida, lunga e sanguinosa resistenza che, invece, le rispettive mogli avrebbero certamente condotto anche perché fondamentalmente di animo molto più freddo e soprattutto nordico rispetto a Francesco ed Umberto che erano entrambi napoletani per nascita e non solo per adozione.

Nel quadro generale che si è delineato va inserita la mia ricerca di documenti nuovi o poco studiati, da me analizzati con nuove domande soprattutto nell'ottica dei nuovi studi di genere (donna-eroina - politica-potere), osservando inoltre la percezione che l'opinione pubblica, ha avuto di queste due donne. Voglio sottolineare, in primo luogo, che le due regine diventano intriganti proprio dopo la caduta dei loro regni: quello è il momento epocale che darà una svolta decisiva e non prevedibile alle loro vite. Sarà non banale, dunque, cercare in loro quelle donne comuni che ad un tratto vedono frantumarsi la vita di privilegi e di potere alla quale sembrava che il destino e la storia le avessero predisposte.

MARIA SOFIA

«...Tutto è poesia nella donna, ma in essa dorme un oceano che bisognava porre in moto, ed invece si volle che restasse come la quiete superficie di un lago...»; con questi versi, nel 1867, Pietro Calà Ulloa[1], ministro di un Regno che ormai da alcuni anni non esiste più ricorda Maria Sofia Wittelback, l'ultima regina del Regno delle Due Sicilie.

Chi è stata e che cosa ha rappresentato nella storia risorgimentale Maria Sofia di Borbone è un interrogativo al quale si possono dare molteplici risposte; la storia, però, a distanza di centocinquanta anni da quei fatti, non ne ha ancora delineato un ritratto ben preciso in quanto il *movimento* neo-borbonico celebra solamente la figura della eroina di Gaeta, in contrapposizione a chi la ricorda solamente per essere stata una spudorata fedigrafa, che dette alla luce due gemelle concepite con un ufficiale belga fuori dal matrimonio, o per essere stata tra le principali "mandanti" del regicidio di Umberto I di Savoia. Ripercorriamone le alterne vicende.

Ingenua ragazza

Spatz, ovvero passerotto, era il nome con cui Maria Sofia da bambina veniva chiamata dai suoi familiari nella tanto amata Baviera dove era nata il 4 ottobre del 1841 dal duca Massimiliano e da Ludovica Wittelback, entrambi appartenenti alla famiglia reale bavara: quinta

---

[1] I versi compaiono nel Diario di Pietro Calà Ulloa in *Un re in esilio*, Bari 1928, alla data del 25 maggio 1867.

di nove figli tra i quali la più famosa rimarrà, nelle cronache e nella storia, l'Imperatrice Sissi. Dal padre apprese l'amore per la natura, i cavalli, la caccia, la scherma ed il nuoto, nonché la semplicità ed il carattere esuberante che la porteranno ad agire e a parlare familiarmente e senza mezzi termini indistintamente con tutti. Lo stesso padre, infatti, saputo dell'accordo matrimoniale per rinsaldare i legami tra il Regno di Napoli e quello Austriaco, messo in atto dalla moglie per la giovane Sofia, telegrafò da Montecarlo alla figlia dicendole del futuro marito: «Francesco di Borbone te lo consiglio è un imbecille». L'ingenua Maria Sofia, che allora aveva diciassette anni, fidò che fosse uno dei soliti scherzi di suo padre, simpaticamente conosciuto in tutta la Baviera come il «buon duca Max». Sarà, poi, lei stessa, a distanza di sessantacinque anni da quel telegramma che affermerà in un'intervista, rilasciata a Giovanni Ansaldo[2], «no il mio re non fu un imbecille come dicono» Sono queste le parole di una donna ormai ottantatreenne che ha vissuto una vita intensa passando da principessa a regina da eroina a semplice dama, attraversando due secoli e passando dalle ottocentesche guerre d'indipendenza alla prima guerra mondiale che sancì la fine definitiva dei grandi imperi centrali, quali l'austriaco, il tedesco e il russo; l'annessione della sua amata Baviera alla Germania di Bismark. Da semplice spettatrice giunse finanche a vedere Mussolini capo del governo di quello Stato italiano che lei fondamentalmente non aveva mai riconosciuto ed accreditato.

Inesperta regina

Condotta, per ragioni dinastiche e di alleanze politico-militari, a sposare il principe Francesco di Borbone, unico figlio del re Ferdinando II e di Maria Cristina di Savoia, morta prematuramente e passata alla storia come la regina Santa, la giovane principessa Bavara fu soddisfatta dapprima del fidanzamento e poi del matrimonio e dopo aver sposato,

---

[2] L'intervista è apparsa sul *Corriere della Sera* il 18 novembre 1924.

per procura a Trieste[3], *Franceschiello* intraprese il viaggio sino a Bari, dove tutta la famiglia reale era andata ad accoglierla. L'impatto non fu deludente per nessuno, né per i due sposi, che alla fine si piacquero vicendevolmente, né per il re Ferdinando che, in fondo, aveva capito fin

---

[3] Il Matrimonio avvenne per procura nel Castello di Miramare alla presenza del Re Massimiliano II. Quella che segue è la minuziosa e dettagliata descrizione dell'evento, riportata, in prima pagina, dal *Giornale delle Due Sicilie*, il giorno 4 gennaio 1859: «Con una gioja che oltrepassa ogni dire, annunziamo il già stabilito matrimonio fra S.A.R. il Duca di Calabria Principe Ereditario del Regno delle Due Sicilie e la R. Principessa Maria Sofia Amalia sestogenita Figliuola delle LL. AA. RR. Massimiliano Giuseppe Duca di Baviera e della R. Duchessa Luisa Gugliemina sua Consorte ed augusta zia di S.M. il Re di Baviera Massimiliano II.

Questo fausto avvenimento apporta a ragione il massimo giubilo alle due case Reali Corti ed ai due Reami. Età fiorente indole generosa e benigna, aurei costumi, alti sentimenti, soavi maniere di amabil cortesia, virtù nate e cresciute alla luce d'impareggiabili esempi di pietà e di sapienza, bellissime anime sotto avvenenti sembianze, quanto forma l'ornamento della Reggia e l'orgoglio del nativo paese, tanto si unisce e rifulge negli Augusti Sposi.

Della felice unione di così splendidi pregi col sacro legame che suggella i vincoli del reciproco antico affetto delle due prelodate Reali Corti, esultano d'ineffabil contegno gli Augusti Genitori. Essi veggono così sotto lietissimi auspici coronati i voti ecclesiastici delle Loro anime grandi, e le tenere sapienti cure per arricchire di ogni nobile qualità una prole si degna ed avventurosa.

A mezzodì 22 del p.p. dicembre giorno destinato da sua Maestà il Re di Baviera per la sopra indicata Cerimonia, il Reale gentiluomo di camera barone Gaetano di Tautplious, nominato dalla prelodata Maestà Sua a tal uopo, si condusse sulle 2 e1/2 pomeridiane in carrozza di Corte a due cavalli, all'abitazione del signor Conte Ludolf, ministro plenipotenziario di Sua Maestà il Re delle Due Sicilie, ed Ambasciatore straordinario e plenipotenziario speciale per questo atto di richiesta e salì insieme col medesimo in un cocchio di gala della Corte, a sei cavalli in fiocchi; nel quale il signor Ambasciatore prese posto alla parte d'avanti, ed il Regio Commesario alla parte di dietro.

Il Corteo procedé verso la Real Residenza col seguente ordine:
1. I Regii ajutanti di camera;
2. I servitori di livrea del signor Ambasciatore;
3. Gli uffiziali della sua casa;
4. Un Regio Battistrada a cavallo
5. La carrozza del signor Ambasciatore, accompagnata ad ambo i lati presso gli sportelli da staffieri di Corte in livrea di gala, ed a capo scoperto;

da subito che la giovane principessa avrebbe avuto molta più "stoffa" per operosità politica nel Regno rispetto al mite ed introverso figlio. Infatti il re, quando ormai era certo che la morte stesse giungendo, raccomandò il Regno a Maria Sofia e soprattutto le raccomandò di non fidarsi mai dei parenti di Torino definiti "piemontesi falsi e cortesi"

6. Una carrozza di Corte a due cavalli coll'Aggiunto di Legazione signor Bianchini, la quale aveva ai lati presso gli sportelli i propri servitori in livrea.
Il Corteggio entrò nella reale Residenza per la Porta Imperiale; la guardia del Palagio si mise sotto le armi, ed uno squadrone di corazzieri si schierò nel Cortile della Fontana.
Il signor Ambasciatore smontò a piè della scala che conduce all'appartamento del Re, nella quale era la Guardia degli Arcieri, e dove fu ricevuto dal Regio Foriere di Corte, del pari che a capo della scala medesima, al'ingresso della sala delle Guardie, occupato dagli stressi Regii Arcieri, venne ricevuto dal funzionario Regio Gentiluomo di Camera. Lunghesso i gradini della scala interna che mena all'appartamento Reale era schierata la Guardia degli Arcieri, nella prima anticamera lo erano i Regii Officiali di Corte e nella seconda anticamera i Reali Paggi, mentre il Regio Cerimoniere Maggiore, ed i signori del principal servigio di Camera attendevano nell'ante-sala interna il Real Plenipotenziario.
L'Aggiunto di Legazione precedeva immediatamente il Real Plenipotenziario, ed alla sinistra dello stesso andava il Regio Commissario anzidetto.
il Signor Ambasciatore venne condotto nelle stanze posteriori del Real appartamento, dove attese insino a tanto che, in seguito dell'avviso dato a sua Maestà dell'arrivo di lui nella Residenza Reale, le Loro Maestà e le Loro Altezze Reali si furono condotte nella Sala del Trono destinata all'udienza della richiesta e circondate dai Gentiluomini e Dame di Corte di servigio, non meno che da quelli delle Loro Reali Altezze, presero posto tanto sugli scalini quanto ai lati del Trono.
Il Ministro di Stato della Casa Reale si collocò di lato al Trono dalla parte sinistra.
La riunione delle Loro Altezze Reali egualmente che dei Gentiluomini e Dame nell'Appartamento di Sua Maestà il Re seguì circa le ore 3 pomeridiane.
Le Loro Reali Altezze il Duca Massimiliano in Baviera e la Duchessa sua Consorte, portaronsi unitamente a Sua Altezza Reale la Serenissima Principessa Maria, in sulle ore 3 col Loro seguito, negli Appartamenti di Sua Maestà la Regina, e per quelli negli altri di Sua Maestà il Re, ed ivi aspettarono l'invito d'entrare nella sala d'Udienza.
Dopo che Sua Maestà il Re, stando sul Trono, ebbe dato al Regio Cerimoniere Maggiore l'ordine di introdurre il Signor Ambasciatore, passò questi, insieme col più antico Maggiordomo della Real Camera e col Regio Gentiluomo di servigio, nella prossima stanza, donde il signor Ambasciatore venne condotto da quest'ultimo, unitamente al seguito nella Sala di Udienza.

e verso i quali il figlio Francesco, data l'origine materna, nutriva una certa soggezione.

La prematura morte del re Ferdinando, avventa il 22 maggio 1859, portò Maria Sofia a ritrovarsi regina a soli 18 anni, accanto ad un re ventitreenne che le cronache ricordano come impreparato a gestire la profonda crisi del Regno e totalmente succube della matrigna, la regina madre Maria Teresa. Ma il fascino e la decisione di Maria Sofia esercitarono su di lui un forte ascendente sia nella gestione degli affari familiari che in quelli politici: fu punto di riferimento del "partito costituzionale" poiché caldeggiò la nomina a capo del governo di Carlo Filangieri; perorò anche l'abolizione della schedatura dei cittadini

Chiuse allora le porte della Sala d'udienza, il Regio Plenipotenziario, avanzandosi verso il Re, espresse in un discorso diretto alla Maestà Sua, lo scopo del suo straordinario incarico, e consegnò la Real Lettera di richiesta, la quale Sua Maestà aprì e passò al Ministro di stato della Casa Reale.

Dopo la risposta fatta al discorso del signor Ambasciatore dal Ministro di Stato della Real Casa, il Cerimoniere Maggiore ebbe l'eccelso incarico d'introdurre nella Sala d'Udienza le Loro Reali Altezze Ducali, che collocaronsi dalla parte destra di Sua Maestà il e, di tal modo che Sua Altezza Reale la Principessa Maria si trovasse in mezzo ai suoi Serenissimi Genitori.

Indi le Loro Reali Altezze ascoltarono, nel discorso ad Esse rivolto dal signor Ambasciatore, il contenuto del suo incarico.

Il Ministro di Stato della Real Casa rispose subito alle parole di lui annunziando il consenso già dato non solo da Sua Maestà il Re, ma eziandio dai Serenissimi Genitori: dopo di che Sua Altezza Reale la Principessa Maria si avanzò e con un profondo inchino prima a Sua Maestà il Re e poi alle Altezze Serenissime de'suoi genitori, fè noto parimenti il suo assenso.

Il Regio Plenipotenziario consegnò poscia alla Serenissima Principessa Maria il ritratto di Sua Altezza Reale il Principe ereditario delle Due Sicilie.

Con ciò ebbe termine l'atto della richiesta, ed il signor Ambasciatore, una col suo seguito, abbandonò la Sala del Trono, come parimente fece il Corteggio di servigio ch'eravi stato presente, dopo che le Persone Reali e le Serenissime furonsi ritirate nelle loro stanze interne.

Subito dopo, Le Loro Reali Maestà e Le Loro Reali e Serenissime andarono al pranzo, a cui fu invitato il Reale Plenipotenziario. Dopo il pranzo il Signor Ambasciatore fè ritorno in una carrozza di Corte a due cavalli alla sua abitazione.

E nell'udienza e nel pranzo furono indossate divise di gala, con le fasce degli Ordini Cavallereschi, e le Dame vestirono i loro manti di Corte».

sospetti di liberalismo. I primi veri problemi da dover affrontare per la neo coppia reale furono quelli di stabilire l'ordine nella sanguinosa rivolta delle guardie svizzere, dai napoletani chiamati "Titò", provocata ad arte da agenti piemontesi allo scopo di privare l'esercito borbonico dei reggimenti che erano sempre stati esempio di disciplina e fedeltà alla Corona. In questa occasione Maria Sofia fu l'unica a tenere un comportamento coraggioso; non ebbe paura di salire sul terrazzo della reggia per assistere a cosa stesse accadendo nella piazza; il tutto si concluse con l'allontanamento delle guardie svizzere, con un dispendioso spreco di energie, la qual cosa provocò una notevole carenza militare in molte zone del Regno. A colmare questa grave insufficienza militare determinatasi furono costituiti, per iniziativa della regina, tre battaglioni con soldati bavaresi prontamente inviati nel Regno dallo zio, re Massimiliano di Baviera. Intanto venne nominato capo del governo il vecchio Carlo Filangieri, "l'uomo dei momenti perduti", come lo aveva già definito re Ferdinando: Maria Sofia presto si rese conto di quale coacervo di interessi multiformi e contrastanti era composto l'ambiente di Corte; un fatto appariva chiaro: la morte di Ferdinando II sembrava avesse sciolto indistintamente tutti dal vincolo di fedeltà alla Corona e, anziché stringersi intorno al trono e sostenere il giovane sovrano, ci si sentiva liberi di fare e disfare, non nutrendo nessuna fiducia e non avendo alcun timore e nessuna soggezione del re.

La bellezza di Maria Sofia e la sua forte personalità conquistarono, in pochissimo tempo, il popolo meridionale e Francesco, soggiogato dal suo fascino, le lasciava ampia libertà; ella sconvolgeva le abitudini della corte: fumava, andava a cavallo, tirava di scherma, si faceva fotografare, si bagnava nelle acque del porto militare, portava i suoi cani in sala da pranzo: era al centro delle cronache mondane. L'aumento di popolarità l'aveva portata a progettare, in accordo con il Filangieri, di instaurare un regime costituzionale sul modello bavarese, tanto che la cosa sembra abbia spinto la regina madre Maria Teresa a ordire un complotto per detronizzare Francesco in favore del di lei figlio Luigi, conte di Trani (fratellastro del re). Nonostante il fallimento del complotto, la compattezza della classe dirigente del Regno, quella rimasta ancora fedele, si dimostrò incrinata e a Maria Sofia non restò altro che far rifiorire la vita di corte, fino a quel momento abbastanza tetra. Intanto il Piemonte andava dispiegando il suo piano espansionistico e lentamente cresceva nel Regno la tensione politica che né i numerosi decreti di clemenza, né la buona volontà dimostrata dal giovane re potevano esorcizzare. Anzi, sembrava che ad ogni provvedimento positivo gli eventi accelerassero il loro corso. Il re era praticamente prigioniero della larga cerchia di collaboratori e consiglieri che lo avevano indotto, col nemico già alle porte, a prendere quei provvedimenti libertari che risulteranno esiziali per il Regno: già si diffondeva negli ambienti governativi e nelle alte sfere militari l'ombra del tradimento. Sfuggiva agli onesti ed ai fedeli monarchici che ai liberali ed ai fuoruscti napoletani non interessava affatto una trasformazione dello Stato borbonico, in senso molto liberale; questi volevano semplicemente e solamente la fine della monarchia borbonica con la relativa annessione al governo piemontese. Dice lo storico Ruggero Moscati che per i liberali ed i massoni il "porro unu" era in questa fase la "cacciata" del Borbone; per il resto, poi si sarebbe visto e contrattato[4].

Quello di Maria Sofia per i Savoia fu odio da subito e durò per tutta la vita. Alle prime avvisaglie di rivoluzione ella non si stancò mai di incitare il re di porsi a capo dell'esercito e passare subito all'azione attaccando il nemico prima di essere attaccato anche perché era sicura che il popolo tutto l'avrebbe sostenuto, incoraggiato e seguito. Ma Francesco II, a parte la sua naturale indolenza, irretito e condizionato com'era da una selva di ministri e collaboratori di dubbia fede, non riuscì a prendere quelle decisioni che la situazione del momento richiedeva. Dopo il tradimento dei ministri, degli organi militari e dei semplici soldati la perdita della Sicilia fu repentina, come pure la veloce galoppata garibaldina per la Calabria non trovò ostacoli, tanto che tutti a Napoli furono presi dallo scoramento: la tragedia era ormai incombente ed il re non sapeva a chi votarsi, chiedeva consiglio ai maggiorenti del Regno, ma riceveva solamente suggerimenti contrastanti. Il vecchio generale

---

[4] R. MOSCATI *La fine del Regno di Napoli*, Le Monnier, Firenze 1960.

Carrascosa, interpellato, rispose: «Vostra Maestà monti a cavallo, e noi saremo tutti con Vostra Maestà; o cadremo da valorosi, o butteremo Garibaldi in mare»[5]. Ovviamente questo tipo di consigli trovavano la Regina consenziente ed entusiasta. Altri, invece, sostenevano che se il re si fosse allontanato da Napoli ci sarebbe stata la rivolta. Intanto era già iniziata la lunga serie di dimissioni dei ministri e dei generali, che rifiutarono anche solamente l'idea di accettare nuovi incarichi tanto il momento risultava essere delicato. Il re non sapeva cosa fare anche perché attendeva rinforzi dalle potenze europee che, in cuor suo, mai avrebbero accettato un sopruso tale da parte di Vittorio Emanuele II che, guidato dell'astuzia di Cavour, incontrastato cavalcava con il dittatore Garibaldi alla conquista del *Sud*.

Nel pomeriggio del 5 settembre 1860, quando ormai tutto sembrava essere finito e fermare Garibaldi era diventata ormai un'impresa impossibile, Francesco II, uscito per l'ultima volta in carrozza per le strade di Napoli in compagnia dalla regina, si difendeva col suo popolo e annunciava il suo trasferimento a Gaeta, ritenuta una rocca inespugnabile visto che già resistette nel 1806 per cinque mesi al Massena, sotto il comando del principe d'Assia Philippstadt e poi, nel 1815, quando il generale Begani riuscì a tenere testa agli austriaci con i resti dell'esercito di Murat.

Il re si congedò dal suo amato popolo con questo proclama:

Fra i doveri prescritti ai Re, quelli dei giorni di sventura sono i più grandiosi e solenni ed io intendo di compierli con rassegnazione scevra di debolezza, con animo sereno e fiducioso, quale si addice al discendente di tanti Monarchi. [...] In mezzo a continue cospirazioni, non ho fatto versare una goccia di sangue, e si è accusata la mia condotta di debolezza. Se l'amore più tenero per i miei sudditi, se la confidenza naturale della gioventù nell'onestà degli altri, se l'orrore istintivo del sangue, meritano tale nome: sì, certo, io sono stato debole. Ho prefe-

---

[5] A. Tosti *Maria Sofia ultima regina di Napoli*, Garzanti, Milano 1947 p. 162.

rito abbandonare Napoli, la mia cara Capitale, senza essere cacciato da Voi, per non esporla agli orrori di un bombardamento. Questi son i miei torti: preferisco i miei infortuni ai trionfi degli avversari. Voi, amati sudditi, sognate l'Italia ma, arriverà il giorno che non avrete più nulla, nemmeno gli occhi per piangere.

Attaccando Garibaldi e i piemontesi proseguì:

Da che un ardito condottiero, con tutte le forze di che l'Europa rivoluzionaria dispone, ha attaccato i nostri domini, invocando il nome d'un sovrano d'Italia, congiunto ed amico, Noi abbiamo, con tutti i mezzi in poter nostro combattuto durante cinque mesi, per la sacra indipendenza de' nostri Stati. La sorte delle armi ci è stata contraria. L'ardita impresa che quel sovrano nel modo più formale protestava sconoscere, e che pertanto nella pendenza di trattative di un intimo accordo, riceveva ne' suoi Stati principalmente aiuto ed appoggio, quella impresa cui tutta Europa, dopo aver proclamato il principio di non intervento, assiste indifferente, lasciandoci solo lottare contro il nemico di tutti, è sul punto d'estendere i suoi tristi effetti sin sulla nostra capitale. Le forze nemiche si avanzano in queste vicinanze. D'altra parte la Sicilia e le province del continente, da lunga mano e in tutti i modi travagliate dalla rivoluzione, insorte sotto tanta pressione; han formato de' governi provvisori col titolo e sotto la protezione nominale di quel sovrano, ed hanno confidato ad un preteso dittatore l'autorità ed il pieno arbitrio de' loro destini.
Forti sui nostri diritti fondati sulla storia, sui patti internazionali e sul dritto pubblico europeo, mentre Noi contiamo prolungare, sinché ne sarà possibile, la nostra difesa, non siamo meno determinati a qualunque sacrifizio, per risparmiare gli orrori di una lotta, e dell'anarchia a questa vasta metropoli, sede gloriosa delle più vetuste memorie, e culla delle arti e della civiltà del reame. In conseguenza Noi moveremo col nostro esercito fuori delle mura confidando nella lealtà e nell'amore dei nostri sudditi, pel mantenimento dell'ordine e del rispetto all'autorità: Nel prendere tanta determinazione, sentiamo però al tempo stesso il dovere, che ci dettano i Nostri dritti antichi ed inconcussi, il

Nostro Onore, l'interesse dei Nostri Eredi e successori, e più ancora quello dei Nostri amatissimi sudditi, ed altamente protestiamo contro tutti gli atti finora consumati e gli avvenimenti, che sonosi compiuti o si compiranno in avvenire. Riserbiamo tutt'i nostri titoli e ragioni, sorgenti dà Sacri incontrastabili diritti di successione, e dai trattati, e dichiariamo solennemente tutt'i mentovati avvenimenti e fatti nulli, irriti, e di niun valore, rassegnando per quel che Ci riguarda nelle mani dell'Onnipotente Iddio la Nostra causa e quella dei Nostri popoli, nella ferma coscienza di non aver avuto nel breve tempo del nostro Regno un sol pensiero, che non fosse stato consacrato al loro bene ed alla loro felicità. Le istituzioni che abbiamo loro irrevocabilmente garantito ne sono il pegno. Questa nostra protesta sarà da noi trasmessa a tutte le Corti; e vogliamo che, sottoscritta da Noi, munita del suggello delle nostre arme reali, e contrassegnata dal nostro ministro d'affari esteri, sia conservata ne'nostri reali ministeri di Stato degli affari esteri, della Presidenza del Consiglio dei ministri, e di grazia e giustizia, come un monumento di opporre sempre la ragione e il dritto alla violenza e all'usurpazione[6].

Eroica combattiva

"Viva 'o re!" è il grido con cui all'alba del 7 settembre 1860 da Gaeta ha inizio la marcia di riconquista di quel regno che, nelle parole di Francesco, «sempre è esistito e sempre esisterà [...] l'Italia non è mai esistita e mai esisterà»[7] e che fermamente non accettava di vedere in mano a Garibaldi.

È da questo momento che Maria Sofia si guadagnò la fama di eroina impegnandosi personalmente per il mantenimento in vita del Regno delle Due Sicilie, da Gaeta divenutane capitale provvisoria. Il tempo in cui, «vestita con una personale uniforme, un enorme costume calabrese,

---

[6] *Giornale Costituzionale del Regno delle Due Sicilie*, 6 Settembre 1860 n. 197.

[7] A. PETACCO *La regina del sud*, Mondadori, Milano 1993 p. 119.

tailleur nero di taglio maschile, con su il mantello nero dei montanari, stivali neri, tacco basso e rozzi speroni, cappello nero a cono e larghe falde, usato dai contadini di Calabria»[8], dispiegherà tutte le sue forze per gli oltre 150 giorni in cui avrà durata la sua permanenza a Gaeta. «Fin dal giorno del suo arrivo a Gaeta aveva preso ad esplicare una grande ed inconsueta attività: visita ai reparti delle caserme, sopraluoghi sui lavori di afforzamento, predisposizioni per le cure ai feriti ed agli ammalati, contatti con la popolazione, tra la quale la giovane Sovrana non tardò a diventare popolarissima»[9]. I soldati, per lo più giovanissimi allievi del Collegio Militare Nunziatella di Napoli, promossi alfieri da Francesco, chiamavano la regina, in dialetto, "bella guagliona nuosta" ed apprezzavano in lei l'audacia, la costanza, il comportamento schivo che non le faceva perdere d'animo l'idea di riconquista del Regno in cui, senza scrupolo alcuno di mettere a repentaglio la propria vita, combattendo col sorriso sulle labbra sfidava il destino suo e del popolo tutto senza mai abbandonare gli stessi soldati i quali l'adoravano a tal punto da invocarne il nome anche in punto di morte.

Il fulmineo attacco contro le forze garibaldine, coadiuvato dai reggimenti di Von Mechel, messe in fuga verso Santa Maria Capua Vetere, avevano riacceso il petto dei militari napoletani e di Maria Sofia che già vedevano e credevano nel capovolgimento della situazione, anche perché ad appoggiare l'attacco agli usurpatori piemontesi sembrava essere rinato quell'amore patrio e monarchico del popolo che altro non voleva se non vedere il re montare a cavallo e assumere il comando, cosa che egli, se pur spronato in modo assillante dalla consorte, non se la sentì di fare tanto che ne affidò il comando al vecchio maresciallo Ritucci, onesto soldato ma di non eccessive virtù militari.

Lo scontro del primo ottobre, a ridosso del fiume Volturno, risultò essere determinante: vi fu nella giornata un continuo capovolgimento tra i fronti borbonico e sabaudo-garibaldino, i quali si combatterono

---

[8] R. De Lorenzo *Tempi brevi e lunghi di un regno al femminile Maria Sofia di Baviera regina del Regno delle due Sicilie* in *Tra res e imago in memoria di Augusto Placanica*, Rubettino, Soveria Mannelli 2007, p. 1058-1059.

[9] A. Tosti, *op. cit.* p. 194.

reciprocamente e senza mezze misure; Garibaldi rischiò finanche la vita in seguito alla caduta dal cavallo, ucciso dagli spari borbonici, e fu solo grazie alla sua abilità di spadaccino se riuscì, facendosi largo tra i soldati, a mettersi in salvo: si registrarono molti episodi di eroismo. Le forze borboniche potevano contare su 28000 uomini con 42 pezzi d'artiglieria, mentre quelle garibaldine erano appena 24000 con soli 24 cannoni; lo stesso Francesco, al fianco del maresciallo Ritucci, cavalcava in prima linea ed agli occhi di Maria Sofia il marito acquistava sempre più la considerazione del più grande e valoroso paladino tra tutti i re Borbone. La battaglia, però, si concluse con una vittoria molto risicata di Garibaldi che ebbe la meglio grazie soprattutto alla vigliaccheria del maresciallo Ritucci al quale mancò il coraggio di sventare un nuovo attacco, forse quello decisivo, l'indomani mattina, così come suggeritogli dal re; né lo stesso maresciallo si decise a riprendere l'offensiva quando il re, appreso che Vittorio Emanuele aveva varcato il confine del Regno, gli intimò di marciare verso Napoli. Inevitabile fu allora la sua sostituzione col generale Salzano il quale invitava Francesco ad intraprendere una guerra partigiana, conducendo l'esercito sulle montagne; egli proponeva: «Si facciano rivivere i Fra Diavolo, i Pronio, i Mammone ed i tanti altri condottieri di masse del 1799; in una parola il Reame intero deve essere chiamato alle armi. Imitiamo il popolo spagnolo che seppe umiliare la potenza di Napoleone I»[10]. Il re, però, preferì ripiegare su una lunga resistenza a Gaeta, principalmente nella convinzione che le potenze europee non avrebbero tollerato oltre i soprusi del Piemonte e sarebbero intervenute, ed anche perché non voleva che in questo momento scoppiasse una guerra civile fra quello che riteneva ancora il *suo popolo*.

Nel lungo assedio di Gaeta è Maria Sofia ad accendere i cuori e le anime del popolo, dei soldati e di quanti ancora credevano che si sarebbe potuta rivedere sventolare la bandiera gigliata: aveva preso ad esplicare una grande ed inconsueta attività. Non si perdeva d'animo, lo sprezzo del pericolo era una costante del suo comportamento;

---

[10] P. G. JAGGER, *Francesco II di Borbone l'ultimo re di Napoli*, Mondadori, Milano 1982 p. 166.

sapeva affrontare ogni rischio col sorriso sulle labbra, quasi a sfidare il destino; destava ammirazione la continua sfida del rischio da parte sua, in quanto sempre presente laddove imperversava la battaglia più feroce: era talmente affezionata ai suoi soldati che, per distrarli dalle sofferenze e dalle brutture della guerra, ballava per loro e soprattutto ballava con loro.

Così il poeta napoletano Ferdinando Russo ne ha cantato l'eroismo nella lirica *O'surdato 'e Gaeta*[11]:

E'a Riggina! Signò!... Quant'era bella!
E che core teneva! E che maniere!
Mo na bona parola 'a sentinella,
mo na strignuta 'e mana a l'artigliere...
Steva sempre cu nui!... Muntava nsella
Currenno e ncuraggianno, juorne e sere,
mo ccà, mo llà...v'o giuro nnanz 'e sante!
Nn'èramo nnammurate tutte quante!
Cu chiullo cappellino 'a cacciatora,
vui qua' Riggina! Chella era na Fata!
E t'era buonaùrio e t'era sora,
quanno cchiù scassiava 'a cannunata!...
Era capace 'e se fermà pe n'ora,
e dispenzava buglie 'e ciucculata...
Ire ferito? E t'asciuttava 'a faccia...
Cadiva muorto? Te teneva 'mbraccia...

Quando a Gaeta, col trascorrere dei giorni, la situazione diverrà sempre più tragica a causa anche dell'epidemia del tifo, accomunata all'insuperabile freddo registrato quell'anno e alla scarsità di cibo, la regina risponderà sempre di no ai continui inviti fattigli dal marito di lasciare la roccaforte. In una lettera a Napoleone III, infatti, Francesco II a questo proposito, non senza compiacimento, dichiarerà della moglie:

---

[11] F. RUSSO, *Poesie O surdat e Gaeta*, Giannini stampa, Napoli 1919.

Ho fatto ogni sforzo per persuadere S.M. la Regina a separarsi da me, ma sono stato vinto dalle tenere sue preghiere, dalle generose sue risoluzioni. Ella vuol dividere meco, sin alla fine, la mia fortuna, consacrandosi a dirigere negli ospedali la cura dei feriti e degli ammalati; da questa sera Gaeta conta una suora di carità in più[12].

Il tempo passava inesorabile e andavano scemando le speranze in un intervento militare da parte delle potenze europee amiche come Austria, Spagna e Russia, per ristabilire il diritto; il colpo più duro si registrò quando l'imperatore Napoleone III, accordatosi segretamente con Cavour per avere in cambio i comuni di Mentone e Roccabruna, annunziò il ritiro della squadra navale francese da Gaeta consigliando, così, a Francesco II di desistere dalla resistenza. Maria Sofia, il 14 gennaio 1861, a tal proposito, ricevette una lettera della sorella Eugenia che, oltre a lodare il suo eroismo, le comunicava in modo molto schietto l'abbandono dell'appoggio del marito Napoleone III:

Madame ma soeur la lettre si pleine de nobles sentiment que votre majestè m'a écrite m'a profondament touchée, et je saisi avec emprepement l'occasion d'esprimier a Votre Majesté mes sentiment de vive sympathie pour l'enegrie qui elle montre ainsi que le Roi dans des circonstances si terribles et si perilleuses.
Je regrette sincerement que la politique de l'Impereure ne lui permette pas de clourer un appui plus efficace a un jeun souverain que tutte avec tante de courage contre sa tradison et la mancance fortune, mais il en obtendra […] sa recompense et l'avenir, jaime a l'impereur la lui reserve sur tout coeur bien placeé ne peut avoir ma doute que qual coté est la bon droit et l'honneur.
Je prie Votre Majesté de me rappeler un souvenir de Roi et cryey à la smiure et affectuose consideraction avec la quelle je suis moderne.
De votre majesté la bonne soeur et amie Eugenia[13].

---

[12] *Ibidem.* p. 204.

[13] Archivio di Stato di Napoli, *Archivio Borbone* busta 1151 f. 24.

Umiliata dal comportamento dei francesi, Maria Sofia continuò con maggior sprezzo del pericolo ad aggirarsi fra le artiglierie, rincuorando gli impavidi soldati. Il 19 gennaio, con l'allontanamento della squadra navale francese, tutto il fronte di mare rimase scoperto ed in balia della flotta piemontese comandata dall'ammiraglio Persano. Cessò da questo momento la possibilità di rifornimento della piazza, ormai condannata ad una rapida agonia;, infatti, nel giro di pochi giorni a Gaeta si respirò solamente aria di distruzione, devastazione e morte; i sovrani, ancora convinti a non capitolare, andarono avanti ad oltranza, con i pochi militari sopravvissuti, fino all'11 febbraio, quando *Francesciello* riconobbe la necessità di una pronta ed onorevole capitolazione; il 14 successivo, dopo aver salutato le poche persone, militari e civili, ancora presenti alla piazzaforte, profondamente commossi - addirittura le cronache riportano che la regina singhiozzasse vistosamente - presero il largo sulla *Mouette* in direzione di Roma e, per l'ultima volta, videro ammainare la bandiera gigliata sulla Torre d'Orlando e quando osservarono i pochi soldati rimasti spezzare con rabbia le proprie spade si emozionarono ancora di più.

La gloria e la fama che gli ultimi Borbone sono riusciti a riscuotere con l'assedio di Gaeta hanno rappresentato il riscatto politico delle debolezze che anni di mal governo e di tirannia avevano tratteggiato i predecessori, eredi del grande riformista Carlo, uomini deboli, per lo più dediti alla vita di corte, alle feste, alla caccia ed agli intrighi delle cortigiane.

Subdola brigantessa

A Roma, ospiti di Pio IX al Quirinale, la vita di coppia di Francesco e Maria Sofia, registrò un decisivo sdoppiamento: Francesco da re in esilio incomincerà in modo malinconico e fatalistico a tratteggiare, senza molto interesse, lo studio della dinastia, dando ormai già tutto per deciso e definito, e ad esercitare, con ancor maggiore intensità e assiduità, i suoi esercizi spirituali; Maria Sofia, dal canto suo, comincerà una personale e dura lotta, combattuta come una comune e volgare fuorilegge, pronta in armi per la riconquista del suo Regno. Era solita frequentare la farmacia Vagnozzi a Campo dei Fiori, a pochi passi dalla residenza di Palazzo Farnese, dove si riunivano le bande legittimiste borboniche, capeggiate da loschi personaggi quali Chiavone, Crocco, Ninco Nanco, Fuoco, Guerra, Giordano che venivano da lei ricevuti, senza alcuna distinzione, e per i quali ella aveva sempre un sorriso ammirato ed un amuleto portafortuna, essendo a conoscenza che erano queste le uniche persone che avrebbero potuto contribuire alla causa legittimista. Nel frattempo, mentre volontari da tutta Europa giungevano a Roma per prendere parte alla resistenza contro gli invasori piemontesi, in una vera e propria crociata per la liberazione del Sud, focolai di rivolta si andavano diffondendo in tutto l'ex Regno delle Due Sicilie, organizzati e diretti, in ogni provincia, dai comitati borbonici; il popolo meridionale stava iniziando a capire che far parte dello Stato unitario non gli aveva apportato alcun giovamento, anzi la miseria sovrastava in modo così incondizionato da far nascere i primi veri dubbi verso la monarchia sabauda: si rimpiangeva quel Regno di Napoli che, nel bene o nel male, aveva avuto, per diversi secoli, un ruolo predominante tra le variegate e vaste monarchie d'Europa.

La cultura meridionale iniziò a riavvicinare Maria Sofia alla causa, avendola collaudata come l'unica persona capace di poter modificare la situazione; pertanto la ribellione che era nata come movimento dei contadini diventò, pian piano, un movimento sovversivo al dominio piemontese, condito da veri e propri atti di terrorismo, combattuti tra le campagne. I ministri italiani non nascondevano il timore di eventuali serie e più concitate sollevazioni popolari nell'ex Regno; la stampa internazionale, dal canto suo dedicava ampio spazio a questa guerriglia che si combatteva nel Mezzogiorno d'Italia, prendendo spesso le difese delle popolazioni locali. Maria Sofia figurava come la vera ispiratrice della resistenza; aveva fatto della lotta ai piemontesi il suo unico scopo di vita, tanto che il suo intenso attivismo attirò l'odio dei circoli liberali romani che cominciarono ad osteggiarla in tutti i modi, colpendola anche in modo molto violento con la nota vicenda di alcuni scatti fotografici che la ritraevano in pose osé e che furono inviati a tutte le corti europee, Papa compreso[14]. Anche la stampa inglese non fu da meno: il 28 agosto 1861 il *Times* di Londra pubblicò la notizia che «La regina Maria Sofia nei giardini del Quirinale aveva ucciso un gatto preso a bersaglio con la sua pistola»; quello stesso giornale consigliava al generale Cialdini, tra le altre cose, di trattare i napoletani come "Lupi della foresta".

Da ogni parte d'Europa giungevano testimonianze di stima e ammirazione verso Maria Sofia suscitate dalla sua coraggiosa condotta, specialmente da parte di numerose donne che avevano visto in questa donna l'esaltazione di quel modello femminile che andava a rompere gli schemi tradizionali. Aveva ricevuto a testimonianza e pegno di questa simpatia numerosi doni sottoscritti non solo dalle nobili dame dell'aristocrazia europea come

> [...] la statuina d'argento raffigurante Giovanna d'Arco inviatale dalle dame della Franca Contea, la richiesta delle nobildonne austriache all'imperatore perché concedesse alla regina l'Ordine Militare di Maria Teresa, rigorosamente riservato ai combattenti distintisi per valore e tanti altri doni e onorificenze, stupisce che anche un gruppo di operaie parigine le avessero inviato un messaggio di solidarietà sottoscritto in milleottocento[15].

---

[14] In proposito si veda il recente studio di Diego Mormorio *La Regina nuda delazioni e congiure nella Roma dell'ultimo papa re*, Il Saggiatore, Milano 2006, dove l'autore, attraverso le carte processuali di Costanza Vaccari, demolisce definitivamente il caso delle fotografie che ritraevano Maria Sofia in pose oscene, affermando che non si trattò dei fotomontaggi di cui tanto si è discusso, eseguiti realmente molti anni dopo i fatti, ma di fotografie che ritraevano la stessa Vaccari, molto somigliante con la regina, assoldata e pagata dal potere papalino della Roma risorgimentale, per sminuire quel potere politico che Maria Sofia era riuscita ad ottenere.

[15] F. P. Castiglione *Una regina contro il Risorgimento. Maria Sofia delle Due Sicilie,* Lacaita, Bari, 1999 p. 192.

Numerose pubblicazioni ne esaltavano il valore e l'audacia e circolavano notizie e biografie, sui giornali di mezz'Europa, che riconoscevano nella regina la valorosa donna ed instancabile eroina. Solamente la bigotta e papalina Roma le risultò ostile ma ella incurante delle continue critiche mosse a quelle che ritenevano delle stravaganze, continuava a cavalcare, con abiti mascolini al *Pincio* ed a bagnarsi nelle acque di Civitavecchia; era diventata popolarissima tra la gente comune che incontrava e intratteneva per le strade di quella Roma che lei stessa definiva «città noiosa e pettegola»[16].

Il 17 marzo 1861 a Torino veniva proclamato il Regno d'Italia, che fu però riconosciuto solamente dall'Inghilterra, in quanto le altre potenze europee consideravano la situazione italiana ancora tutta in evoluzione, la qual cosa eccitava ancora di più Maria Sofia la quale andava gridando «tutti i nemici dei Savoia sono miei amici»[17]. Messasi a capo di quei legittimisti, spericolati avventurieri o/e possenti briganti, giunti a Roma e ospiti nel convento dei *Trinitari scalzi* di via Condotti, distribuiva a tutti comandi, organizzava bande che inviava nelle regioni del sud e, in segno di riconoscimento, donava medagliette sacre e corni di corallo portafortuna.

Radunò gli scontenti di tutta Europa per organizzare un'insurrezione armata contro i Savoia e l'organizzazione fu tale che pensò, finanche, di far confezionare per quegli *avventurieri* delle uniformi che ricalcavano quelle dei soldati francesi con il solo scopo di creare confusione tra la gente. A dar man forte alla causa legittimista borbonica giunsero, infatti, in soccorso di Maria Sofia illustri personaggi da gran parte d'Europa e tra questi si ricordano: l'ambasciatore di Spagna Bermúdez de Castro, accompagnato dai connazionali José Borges, Mussot e Carlo Tristany; i francesi Henri de Chathélineau e il De Rivière; il tenente e musicista tedesco Zimmerman; il belga Alfredo de Trozégies; il bretone Langlais; i nobili Achille Caracciolo di Girifalco, Emilio de Christen, Francesco Luvarà, Carmine Donatello, il conte Edvino

---

[16] A. Petacco *op. cit.* p. 170.

[17] *Ibidem.* p. 172.

Carlo Kalkrenth, che messisi a capo ognuno di una banda, composta immancabilmente da loschi figuri e da aggueriti contadini, tentarono di riorganizzare le file del brigantaggio, ma finirono per morire quasi tutti, in modo molto poco dignitoso ed onorevole, sotto il piombo dell'esercito sardo, nelle cui file erano passati molti di quei soldati che precedentemente avevano sposato la causa borbonica e che adesso si comportavano come comuni delinquenti.

Quella che doveva essere una guerra di liberazione dall'invasore sabaudo, nel giro di un anno fallì, lasciando nel già mal ridotto *Sud* una situazione di totale scompiglio che andò avanti per oltre dieci anni, trasformandosi in un'insurrezione contadina combattuta da comuni delinquenti, dediti per lo più ad interessi strettamente personali, che lo Stato non riusciva a tenere a bada neppure in seguito all'applicazione della legge *Pica*, che prevedeva la sospensione, nelle regioni meridionali, di ogni garanzia costituzionale.

Nel corso del 1862 la stessa Maria Sofia, resasi conto che la guerra di liberazione da lei generata era ormai fallita, si dedicò, grazie al suo spirito ribelle, ad osteggiare ancora di più quell'etichetta verso la quale non era mai stata orientata; dopo lo scandalo delle false fotografie, si ritirò per un lungo periodo nella sua adorata Baviera dove molti anni dopo si venne a conoscenza che il motivo del suo trasferimento e della sua prolungata permanenza in Baviera era dovuta al fatto di dover nascondere una gravidanza, frutto della relazione con il tenente zuavo Armand de Lawaiss, dalla quale nacquero due gemelle. Su questa vicenda, si è molto favoleggiato ma la notizia divenne di dominio pubblico solamente diversi anni dopo la sua morte, nel marzo del 1935, quando le colonne del Giornale d'Italia, in un articolo a firma di Franco Carburi, dal titolo *Maria Sofia ebbe due figlie di cui una è tuttora vivente*, riportavano la cronaca della gravidanza e della nascita delle due gemelline, così come realmente era avvenuta[18]. Rientrata a Roma, su insistenza di Francesco che, avendo saputo il motivo dell'allontanamento, perdonò Maria Sofia addossandosi parte della colpa dovuta al troppo bigottismo ed alla

---

[18] L'articolo è custodito presso l'archivio dell'*Istituto per il Risorgimento in Roma* coll. 6. Gior. 10 (8).

mancanza di rapporti sessuali con la moglie, dovuti a problemi fisici che risolse prontamente grazie ad un intervento chirurgico. Rinato l'amore, anche la causa legittimista sembrò destare nuovi interessi; nel 1866, scoppiata una nuova guerra, i borbonici speravano in una sconfitta italiana che avrebbe rimesso tutto in discussione, la notizia della disfatta di Custoza riaccese le speranze degli esuli napoletani a Roma e fece pensare a un non lontano rientro in patria; invece, ancora una volta le speranze andarono deluse. Infatti, la sconfitta degli austriaci a Sadowa ed il successivo trattato di pace che non teneva conto delle aspettative dei Borbone, relative alla restituzione dei loro beni privati, raggelò l'ambiente legittimista romano anche se la rivolta siciliana del settembre 1866, repressa nel sangue, dimostrò ancora una volta come fosse viva l'avversione della popolazione meridionale contro lo Stato che continuava a produrre solamente miseria e morte.

Man mano che il tempo passava aumentava l'indifferenza dell'opinione pubblica internazionale verso la causa della restaurazione borbonica: Maria Sofia, stanca e sfiduciata, ritornò nella sua nativa Baviera, ma non vi soggiornò per molto; infatti, la sorella *Sissi* la convinse a ritornare a Roma dove l'attendevano, ancora una volta, sia il marito che la Corte tutta, la quale temeva il definitivo abbandono degli ex sovrani. Nella primavera del 1869, finalmente, un lieto evento veniva annunziato: la regina era in stato interessante e nella notte di Natale dello stesso anno diede alla luce una bambina alla quale furono imposti i nomi di Maria Cristina Pia. Grande fu la gioia dei genitori, anche se tutti aspettavano l'erede maschio al trono; ma per gli ex sovrani di Napoli non v'erano gioie durature: dopo appena tre mesi, la sera del 28 marzo, la piccola principessa, già di gracile costituzione, morì per improvviso malore tra lo strazio dei genitori che finirono per non essere più gli stessi al punto da decidere di separarsi e di abbandonare Roma che nel frattempo si apprestava a diventare anch'essa italiana. In cuor suo Maria Sofia sperava sempre che accadesse qualche evento, anche tragico, che l'avrebbe ricondotta sull'amato trono. Rimasta sola dopo la morte degli amati genitori e delle sorelle, rimasta vedova di Francesco, morto nel 1894, demoralizzata era solita ripetere «nel mio cuore non c'è più posto nemmeno per il dolore. C'è posto solo per la vendetta».

Gentildonna anarchica

Nella residenza francese di villa Hamilton a Neuilly-sur-Seine, vicino Parigi, Maria Sofia, sul finire del secolo, venne in contatto con Charles Malato, giornalista dell'*Echo de Paris* e restò subito attratta dalle idee estremiste professate dal giovane; il suo salotto divenne luogo di raduni e di incontri clandestini tra anarchici che, in questo momento della sua vita, rappresentavano le uniche persone capaci di rimettere ordine ad una situazione politica davvero molto critica, volta per lo più alla repressione ed alla violenza.

Le cronache narrano che un giorno si udì la donna gridare «devono liberarlo al più presto, il signor Malatesta è il solo italiano capace di guidare la rivoluzione»[19]. Sovvenzionò, di tasca propria, tanto il Malatesta quanto tutto l'entourage legittimista; infatti l'ex sovrana figura tra gli artefici dell'evasione del Malatesta dal carcere di Lampedusa. Fu in seguito alla liberazione dell'anarchico che si andava decidendo e lavorando al *grande passo*: in effetti strani movimenti si registravano sull'asse Italia - Francia - America che facevano pensare che qualcosa realmente dovesse avvenire; lo stesso primo ministro Giolitti teneva segretamente sotto controllo quella che lui chiamava *la Signora*, e che temeva fortemente, tanto da metterle alle costole degli agenti segreti. Dall'America nell'estate del 1900 transitò prima in Francia e poi in Italia l'anarchico Gaetano Bresci che il 29 luglio a Monza attentò alla vita di Umberto I di Savoia uccidendolo. Interrogato confesserà:

> [...] fu dopo gli stati di assedio di Sicilia, di Lunigiana e di Milano, illegalmente stabiliti per decreto reale, che io decisi di uccidere il re per vendicare le vittime [...] quando appresi che a Milano si adoperò anche il cannone, piansi di rabbia e mi preparai alla vendetta[20].

Malatesta, invece, dichiarò: «il regicidio non fu un gesto individuale, bensì un complotto organizzato con tutte le regole nella preparazione, nell'esecuzione, nelle necessarie complicità». Assieme a quelle "neces-

---

[19] A. Petacco, *op cit.* pag. 209.

[20] Tratto dall'interrogatorio al processo avvenuto il 29 agosto e riportato in A. Petacco *op cit.* pag. 242.

sarie complicità" affiorò il nome di Maria Sofia o meglio della *Signora*, così come veniva chiamata anche a Parigi dagli anarchici.

L'attentato alla vita di Umberto I risultò una mossa poco abile per il movimento anarchico in quanto la nuova Italia, governata dal pacato e poco mondano Vittorio Emanuele III e dall'efficiente e risoluto Giovanni Giolitti, dette una dura sferzata al movimento rivoluzionario; si attuarono riforme politiche e sociali: cominciò un nuovo ciclo di vita per il Paese che fece precipitare, definitivamente, la causa legittimista borbonica.

Nel 1914 ancora, in Francia, l'ex regina di Napoli era tenuta sotto stretto controllo dal Ministero degli Interni italiano, tanto che in una relazione inviata dall'Ambasciata d'Italia a Parigi al Direttore Generale della Pubblica sicurezza si legge:

Parigi 21 settembre 1914
Riservata.
L'agente fiduciario x.y. segnala a questo ufficio che l'ex regina di Napoli, Maria Sofia di Borbone, sarebbe partita in questi giorni da Neully, Comune limitrofo a Parigi, diretta nella Svizzera e precisamente nei dintorni di Ginevra, ove pare intenda trascorrere il periodo dell'attuale guerra.
Pregomi riferire.
Questo precede alla S.V. Ill.ma per opportuna notizia.
Col massimo ossequio il Questore Leonini[21].

La missiva giunta a Roma al Ministero fu subito fatta pervenire, con altra missiva di accompagnamento, direttamente al Presidente del Consiglio Giolitti, il quale, evidentemente, ancora temeva e controllava l'ultra settantenne ex sovrana.

---

[21] *Archivio Centrale dello Stato* (d'ora in poi ACS), Roma; Ministero dell'Interno direzione generale di pubblica sicurezza – divisione affari generali e riservati anno 1914. Busta 2.

Dal canto suo Maria Sofia, lasciata Parigi e rientrata definitivamente a Monaco, abbandonò ogni speranza di riconquista del trono, ma non tacque mai il suo odio verso i Savoia. A testimonianza di questo suo personale odio è doveroso raccontare un aneddoto accaduto nel 1919: quando Maria Sofia seppe che la giovane pronipote Maria José avrebbe dovuto di lì a qualche anno sposare il principe sabaudo espresse personalmente alla giovane principessa il suo disappunto: «Sappiate che io disapprovo fortemente. Non posso tollerare che una mia pronipote vada in sposa a un discendente dell'usurpatore. Sappi che se lo farai te ne pentirai amaramente e non conoscerai la felicità». Parole profetiche!

Nel 1912 l'ex regina che non viveva più in una esaltante condizione economica[22], mosse causa al Demanio dello Stato italiano in quanto voleva che le venissero riconosciute le 250.000 lire annue quali diritti di vedovanza, a partire dal 1894, così come riportato dagli accordi matrimoniali stipulati nel 1858 dal re Ferdinando II. Francesco Caracciolo di Forino, Conte di Gerace, nell'assunta qualità di Procuratore e Vicario Generale della regina in esilio, così motivò le suddette richieste:

Nel contratto nuziale, o trattato matrimoniale, che in Monaco di Baviera, nel 4 novembre 1858, veniva stipulato tra i rispettivi plenipotenziari di S.M. il Re Ferdinando II delle Due Sicilie, e di S.A.R. Massimiliano Duca di Baviera, previo l'assenso di S.M. Massimiliano II Re di Baviera, pel matrimonio di S.A.R. il Duca di Calabria, Francesco Leopoldo di Sicilia, Principe ereditario, con la Principessa Maria Sofia Amalia di Baviera, leggonsi tra gli altri i seguenti articoli: art. 4 S.M. Siciliana in nome dell'Augusto suo figlio promette un aumento di dote in ducati 36.000 del Regno.

Il Capitale complessivo d ducati del Regno 61.000, risultante dalla dote

---

[22] A tal proposito ebbe a dire: «Voi lo vedete, sono povera. Ed abito qui per concessione di un mio nipote; ché altrimenti dovrei abitare in un quartierino di sobborgo Schwibing o a Sendling. Monsieur Barcellona mi serve per devozione, non certo per il salario che gli posso pagare. Non ho neanche i mezzi per abbonarmi a qualche rivista italiana e per comprarmi le ultime novità di Treves, come mi era sempre piaciuto fare». In C. Tschudi, *Regina Maria Sofia di Napoli, Un'eroina dimenticata*, S. Lapi, Città di Castello 1914. p. 75.

e dall'aumento di dote, sarà ipotecato sui beni dello Stato.

Art. 7 In caso di premorienza del Serenissimo Sposo, oltre agli interessi che le spetteranno sulla dote e sull'aumento dotale come sopra (qualora non le sia stata restituita la prima) avrà la Serenissima Sposa diritto ad un assegnamento vedovile di annui ducati del Regno 36.000, che le sono costituiti e promessi da S.M. il Re del Regno delle Due Sicilie e dai suoi eredi e successori, rimanendo parimenti a quest'oggetto vincolati i beni dello Stato. Al contratto venne apposto da ultimo questo: Patto addizionale.

Allorquando la Divina Provvidenza avrà stabilito nei suoi imperscrutabili decreti, che Sua Altezza Reale il Principe Ereditario delle Due Sicilie debba ascendere al Trono, e che conseguentemente l'augusta di Lui Consorte divenga Regina, s'intende fina da ora e resta stabilito che lo spillatico di ducati del Regno 18.000 verrà aumentato a ducati del Regno 36.000.

Similmente l'assegno vedovile di cui tratta l'art. 7 dei detti Capitoli, passerà da ducati del Regno 36.000 a ducati del regno 60.000.

In base ai presenti articoli del capitolo matrimoniale, il Conte così imbastì la difesa a favore dell'ex sovrana:

Dopo la morte del già Re delle Due Sicilie Francesco II, avvenuta il 27 dicembre 1894, ad istanza di S.M. Maria Sofia Amalia di Wittelbach vedova del fu Re Francesco II di Borbone delle Due Sicilie, venivano notificati alla Intendenza di Finanza di Napoli tre successivi atti di messa in mora, rispettivamente in data 13 dicembre 1899, 3 dicembre 1904 e 24 gennaio 1910, nella pretesa di ottenere il pagamento delle decorse e decorrenti annualità del dovario costituito in favore dell'augusta istante.

[...] Con l'atto nuziale stipulato [...] venne col patto 7° convenuto che nel caso di premorienza dello sposo, Duca di Calabria, la vedova avrebbe avuto diritto oltre agli interessi sulla dote e sull'aumento dotale, convenuti con altri precedenti articoli ad un assegno vedovile di annui Ducati 36.000 che il re delle Due Sicilie le costituiva e prometteva con l'atto stesso dichiarando che a questo oggetto restavano vincolati i beni dello Stato.

Con l'articolo addizionale dei capitoli nuziali suddetti si conveniva poi che, ove la premorienza dello sposo fosse per verificarsi dopo la sua ascensione al trono delle Due Sicilie il cennato assegno rimanesse aumentato da annui ducati 36.000 ad annui ducati 60.000. Com'è noto questa condizione avvenne essendo nel 1859 asceso al trono il Re Francesco II.

Sopravvenne la rivoluzione del 1860 ed il Dittatore Generale Giuseppe Garibaldi con suo decreto del 12 settembre 1860 dichiarò nazionali tutti i beni della Casa Reale di Borbone, nonché quelli riservati alla sovrana disposizione, quelli dei maggiorati reali, quelli dell'Ordine Costantiniano e quelli donati da reintegrare allo Stato. Con successivo Decreto del 25 settembre 1860 il Dittatore medesimo nominò una Commissione con l'incarico di formare un inventario esatto dei beni mobili ed immobili già appartenenti alla Real Casa ed ora aggregati al Demanio Nazionale, coi pesi e le altre passività di cui erano gravati; Commissione che poscia rimase sciolta. Oltre a ciò i beni dell'ex Stato delle Due Sicilie passarono in possesso del nuovo Stato e quindi della Intendenza di Finanza di Napoli.

Successivamente il Re Francesco II passò a miglior vita addì 27 dicembre 1894, cosicché da quell'epoca la istante Regina vedova Maria Sofia ha diritto a percepire l'assegno vedovile di annui ducati 60.000 pari a lire 255.000.

[…] L'impegno di quello Stato è passato al nuovo Stato, poiché se questo si è impossessato di tutti i beni del primo e perfino dei beni privati dei suoi reggitori, deve pure rispettare ed assumere come propri i pesi e i vincoli che su tali beni gravano, il che fu pure riconosciuto col cennato decreto dittatoriale del 25 settembre 1860 col quale, come si è accennato, la Commissione nominata per formare l'Inventario dei beni fu incaricata di accertare anche i pesi e le passività di cui erano gravati.

[…] Ma poiché tali richieste sono rimaste finora insoddisfatte, la istante vedesi costretta ad adire il magistrato, per ottenere il pagamento delle annualità finora scadute per l'ammontare di lire 3.825.000 ed il riconoscimento per le annualità da scadere fino al termine di sua vita.

La richiesta fu però rigettata da parte dell'Intendenza di Finanza di Napoli con le seguenti conclusioni:

Che piaccia alla giustizia della I sezione del Tribunale civile e penale di Napoli, col rigetto delle contrarie istanze, eccezioni e deduzioni, dichiarare di essersi illegalmente citato e qui convenuto lo Stato in persona dell'Intendente di Finanza di Napoli, anziché in persona del competente Ministro, e nella Capitale del regno; e per lo effetto, dichiarare la incompetenza di questo adito Tribunale. [...] dichiari prescritte tutte le annualità anteriori all'ultimo quinquennio, precedente cioè all'atto di citazione; o quanto meno in ogni più estremo dannato caso tutte le annualità anteriori al 24 gennaio 1905.
Con la rivalsa delle spese del giudizio in pro della concludente Amministrazione.
Napoli 7 giugno 1912[23].

Di tutta la questione Maria Sofia commentò:

I Savoia non sono stati chic con noi Borboni.
Che don Giovanni Rossi ch'era impiegato della Casa Reale nostra, e che aveva la custodia del borderò di quattro milioni di ducati, proprietà privatissima di mio marito, sia andato subito a presentarlo al Garibaldi, appena costui entrò in Napoli, per farsene merito, non mi meraviglia; che il Garibaldi lo abbia subito confiscato, insieme ai borderò degli altri principi borbonici, neppure questo mi fa meraviglia; i rivoluzionari hanno sempre fatto così con i re caduti. Ma che i Savoia, dopo che ebbero annesso il regno di Napoli, non abbiano sentito il bisogno di usare un po' di riguardo ai Borboni, che erano stati re legittimissimi, come loro, questo è ciò che ancora oggi, dopo tanti anni, mi fa meraviglia. Vittorio Emanuele lo sapeva pure che

[23] Il fascicolo della causa dell'Intendenza di Finanza di Napoli contro il Conte F. Caracciolo di Forino del Tribunale Civile di Napoli 1ª sezione (stampato presso il Regio Stabilimento Tipografico Francesco Giannini e Figli Strada Cisterna dell'Olio 1912) si trova presso la Biblioteca Nazionale di Napoli *Vittorio Emanuele III*, nella Raccolta Zangari (b. 5/27).

quei quattro milioni di ducati venivano dalla dote della madre di Francesco II, venivano dalla eredità di Maria Cristina di Savoia, erano il frutto della vendita dei beni allodiali del primo ramo dei Savoia, in Piemonte, e di palazzo Salviati, a Roma.

E sapeva bene che la villa di Caposele, a Mola, non aveva nulla da fare coi beni della corona, coi palazzi reali di Portici e di Capodimonte per esempio; ma era stata proprietà personalissima di re Ferdinando e da questi lasciata al re Francesco, mio consorte, in testamento, proprio in testamento, come bene libero. Ma non fece nessuna distinzione neppure lui, come il Garibaldi. Fu un re che si comportò con noi come un rivoluzionario, e ciò non è bene. La repubblica francese fu molto più signora con gli Orleans di quanto sia stato il regno d'Italia con noi... E ora voi mi dite che i figli del re d'Italia sono sani e belli e che si godono la vita. Io ne sono felice e auguro loro ogni bene. Ma il modo in cui loro hanno trattato noi è di brutto augurio. Dio non voglia che un giorno, anch `essi, non abbiano da difendere, dall'esilio, i loro patrimoni personali...[24].

Delusa ancora di più dallo Stato italiano ed impossibilitata a vivere decorosamente di suo, si ritirò ad abitare a Monaco, ospite del nipote, il figlio del Duca Carlo Teodoro.

Durante la prima guerra sperò nella sconfitta italiana e si legò agli ambienti dello spionaggio internazionale; nello stesso tempo si occupò attivamente nel sociale, trascorrendo gli ultimi mesi di guerra nei campi di prigionia italiani, portando assistenza a quei *figli napoletani* che ancora teneva nel cuore e che dal canto loro ignoravano chi fosse quella anziana signora, dai modi garbati e gentili. Morì all'età di 84 anni, il 19 gennaio del 1925 a Monaco, dopo aver trascorso una vita ricca di avventure e avvenimenti.

Nel 1934, grazie proprio all'intercessione della pronipote, la principessa di Piemonte Maria José, le salme dei sovrani Francesco II e Maria Sofia vennero riunite e tumulate in Roma accanto alla piccola bara della figlioletta morta molti decenni prima, nella Chiesa Nazionale

---

[24] C. Tschudi, *op. cit.* pag 75.

del Regno delle Due Sicilie, la Chiesa dello Spirito Santo dei Napoletani in via Giulia. Successivamente il 18 maggio 1984, per intercessione, questa volta, del Comune di Napoli e dell'Associazione Neo-borbonica le spoglie dei due ultimi re di Napoli e della loro figlioletta furono traslate da Roma a Napoli nella Chiesa di S. Chiara, nella cappella laterale sinistra, dove riposano tutte le salme dei Re Borbone.

MARIA JOSÈ

Sono ancora pochi gli anni trascorsi dalla morte della regina ed ancora non sono stati pubblicati, in via definitiva, i suoi diari per poter consegnare un giudizio definitivo sulla laboriosa attività politica ed antipolitica che Maria José ha esercitato durante gli anni in cui è stata a stretto contatto con tutti quei personaggi che hanno delineato la storia del mondo.

Ripercorriamone, anche in questo caso, le vicende personali.

Giovane principessa

Il 4 agosto del 1906, allorquando Maria Sofia aveva ormai abbandonato ogni tentativo di riconquistare il tanto amato Regno di Napoli, ad Ostenda in Belgio veniva alla luce Maria José Carlotta Sofia Amelia Enrichetta Gabriella di Sassonia Coburgo-Gotha, figlia di Alberto I divenuto, successivamente nel 1909, re dei belgi e di Elisabetta di Wittelbach duchessa di Baviera figlia di un fratello di Maria Sofia.

A rinsaldare ancor di più la tesi che a legare le due donne vi fosse un filo rosso è dato dal fatto che a far conoscere Alberto ed Elisabetta, genitori di Maria José, fosse stata nel 1897 la stessa Maria Sofia, a Parigi, in occasione dei funerali di Carlotta Wittelbach la sfortunatissima e amatissima sorella morta in un tragico incendio nel bazar de la Charité insieme ad altre centoventicinque persone; e manco a dirlo il fidanzamento ufficiale tra i due, di lì a qualche anno, avvenne proprio nella villa a Neuilly sur Seine nelle vicinanze di Parigi, residenza dall'ex sovrana di Napoli.

Maria José cresciuta come la prozia, in un ambiente familiare amorevole, incline alle idee socialiste che si andavano sviluppando in quegli anni ma, soprattutto, in un ambiente intriso di una cultura dai toni non più classicisti, ma molto più moderni, fu spronata dal padre, noto per essere un re totalmente fuori da quelle rigide etichette di corte che ancora caratterizzavano le monarchie europee di quegli anni e tra le quali proprio in questo senso primeggiava quella sabauda, a vivere in modo semplice e a contatto con il popolo. Della madre, invece, sembra abbia preso un'originalità, talvolta prossima alla bizzarria, un particolare orecchio per la musica ed uno sviscerato amore per il pianoforte, una grande energia come valore aggiunto a quello spirito irrequieto che la portavano ad esercitare quegli sport anche estremi e soprattutto tecnicamente molto più maschili; dalla prozia, Maria Sofia, erediterà invece l'audacia e la sfrontatezza a tuffarsi in mare dagli scogli più alti. Infatti a Napoli, nei soggiorni a villa Rosebery[25] a Posillipo, i pescatori in transito la noteranno spesso tuffarsi da quello che lei definirà il suo angolo di paradiso, così come decenni prima altri pescatori avevano visto Maria Sofia fare quotidianamente "*lo zompo*" nelle acque del porto militare. Una passione quella per il mare e il nuoto che Maria José non abbandonerà neanche in età avanzata.

Educata rigidamente in casa, com'era costume tra i reali, ad esercitare il ruolo di futura regina, fu costretta a soli dieci anni a rifugiare in Inghilterra a causa dello scoppio della prima guerra mondiale e studiare presso il collegio delle orsoline di Brentwood, da dove poi si vide, successivamente, il 22 marzo 1917, obbligata al trasferimento in Italia a Villa di Poggio Imperiale, presso il collegio della Santissima Annunziata, dove tra le altre discipline doveva ben apprendere la lingua italiana, visto che erano a buon punto le trattative matrimoniali che avevano intrapreso, già da anni, suo padre Alberto e il futuro suocero Vittorio Emanuele III.

---

[25] La villa costruita da Ferdinando I di Borbone venne acquistata dal Ministro Arcibald Philip Pimrose quinto conte di Roserbery, che nel 1929 la regalò a Mussolini che a sua volta la donò al Comune di Napoli, che la girò ai principi di Piemonte che, dopo la nascita della primogenita, la ribattezzeranno, per l'appunto, villa Maria Pia. Oggi fa parte delle residenze del Presidente della Repubblica.

Fu durante il periodo inglese che Maria José sentì dalla sua governante, Miss Hammersley, parlare del suo futuro matrimonio italiano col principe Umberto, la quale le mostrò, per la prima volta, una fotografia del principino vestito da boy-scout. Lo conobbe, invece, nel febbraio del 1918 e così ne ricorda a distanza di anni quell'incontro:

> Un giorno si presentò al Poggio un gentiluomo della Corte d'Italia, il conte Solaro del Borgo, per annunciarmi che il re e la regina d'Italia mi avevano invitata a Battaglia, presso Padova. Prima della partenza il conte corse in un negozio per comprarmi gli abiti più adatti della mia uniforme collegiale e ritornò con un mantello e un cappello blu con i quali mi sentivo un po' goffa. Prendemmo il diretto che andava a Padova, da dove proseguimmo in auto verso la stazione termale di Battaglia. Ci fermammo davanti alla villa reale, non appena giù dall'auto, una signora alta e forte, vestita di pesante lana blu, mi diede un bacio era la regina. Mi sorprese la sua tenuta un po' troppo campagnola: accanto a lei vidi la sua copia perfetta, ma più giovane e più snella, Jolanda. E un ragazzino di tredici anni in costume da marinaretto: era Umberto. Nei giorni successivi, in auto scoperta nonostante il rigore della stagione, esplorammo i dintorni. Seduti sugli strapuntini, Umberto ed io non ci scambiavamo nemmeno una parola. Non scendevamo mai dall'auto se non per dei pic nic, mentre la regina Elena non faceva altro che scattare fotografie [...]. Quando ritornai al Poggio, a poco a poco i miei ricordi d Battaglia si offuscarono. Ma conservai preziosamente nel mio banco la foto di Umberto[26].

Successivamente, e siamo nei giorni immediatamente antecedenti alla marcia su Roma, Umberto fu "inviato"[27], dal padre, a bordo della nave Ferruccio a solcare i mari del Nord per l'inaugurazione del canale

---

[26] Maria José di Savoia, *Giovinezza di una regina,* Mondadori, Milano 1991.

[27] Vittorio Emanuele III non fu certo il tipo di padre che invitava o consigliava al figlio di fare qualcosa, il suo più che un invito era un ordine perentorio. Lo stesso Umberto affermerà, in seguito: dicono che fui allevato come un soldato, con troppo rigore, la mia si fu un'educazione prettamente militare, allora nella mia casa si usava così.

tra Schelda e Bruxelles e qui i futuri sposi si incontrarono di nuovo e questo fu il ricordo del diciottenne principe:

> Quando la principessa giovinetta Maria José venne coi fratelli sulla nave italiana l'avvenimento, più che il carattere di una cerimonia ufficiale, ebbe, il calore di simpatia tra cui si svolse, quello più intimo e cordiale di una festa di famiglia.

Pur avendo il Principe diciotto anni e la principessa sedici i giochi erano fatti, bisognava attendere solamente qualche anno che i due fossero più maturi per celebrarne il matrimonio. In effetti ne passarono ben otto di anni da quell'incontro in cui i due futuri sposi si rividero solamente quattro volte; anni in cui lei, con tutti i rigori dell'epoca, attendeva che i tempi fossero maturi, impegnandosi nello studio dell'arte e in quello della storia dell'Italia e in cui lui, viceversa, s'involava in futili e quanto mai frivole storie tanto da prendersi l'appellativo di "Prince Charmant". Che Umberto piacesse alle donne è indubbio, com'è altrettanto sicuro che riuscì a raccogliere ben pochi frutti controllato com'era tra governatore e precettori, trascorse comunque una vita di ventenne allietata da svaghi ed illuminata dall'amore per Carla Mignone, una soubrette conosciuta negli anni torinesi e nota con il nome di Milly. Tra i due ci fu un'amicizia particolare e non quell'amore sfrenato di cui tanto si chiacchierava. In un'intervista rilasciata dalla soubrette ad Anita Pensotti, nel 1978, lei garbatamente fa notare che: «I nostri rapporti erano punteggiati da episodi gentili. Non ci fu, posso giurarlo, nessuna relazione stile Bella Otero, non fummo certo travolti dalla bufera delle passioni».

E per screditare quelle voci che volevano accusare il principe di poca virilità continuò dicendo, questa volta all'intervistatore di turno Guido Orecchia: «Stavamo bene insieme e ancora non capisco quelli che fanno a Umberto una colpa solo perché non tentò di conquistarmi. Lui era fatto così, anche di nobili sentimenti».

Gli anni passavano ma di matrimonio non si parlava. Maria José cominciò a sentirsi trascurata e alquanto offesa dalle notizie che erano giunte sino in Belgio circa i rapporti tra Umberto e Milly, ma soprattutto perché era stata coinvolta pubblicamente in una vicenda d'amore, la sua, di cui tutti parlavano tranne però che il diretto interessato Umberto. Sarà Vittorio Emanuele, ancora una volta, ad imporsi sul figlio, mandandolo prima a purificarsi in Terra Santa e, convocatolo al suo rientro, gli elencò alcuni dei motivi per cui non era più possibile indugiare: «…l'opinione pubblica attende, un Savoia è tenuto a continuare la dinastia, le due famiglie sono d'accordo da anni, la candidata è bella, colta innamorata e per di più ricca il che non guasta mai».

Umberto non poté certo ribattere al padre, l'uomo che per tutta la vita chiamerà con deferenza e affetto "Sua Maestà, il re mio padre"; così, accompagnato dal Conte Santorre di Santarosa in automobile attraversò l'Italia, la Svizzera, la Germania, giunse in Belgio dove la sera del sette settembre 1929 si dichiarò per la prima volta a Maria José, abbandonando così in modo definitivo quella sua vita di scapolo convinto.

Nel suo diario[28], Maria José annotò:

Losange, 7 settembre 1929
Tre e mezzo: arrivo del Principe. Magnifica Minerva dal motore "magniloquente". L'auto avanza maestosamente e il mio cuore è rapito da tutto ciò. Umberto ha la testa coperta da un berretto basco. Si mantiene così pallido e chic in abiti sportivi! Rimasi colpita.

---

[28] Sui *Diari* di Maria José si è molto discusso, in effetti non è stato mai possibile definirne l'autenticità, anche perché l'unico dato certo è costituito dal fatto che non sono stati scritti di suo pugno ma redatti, probabilmente, da qualche dama di corte. Sono custoditi, per volere della stessa Maria José, presso l'Associazione Nazionale per gli interessi del Mezzogiorno di cui la principessa, negli anni durante la guerra, fu la responsabile. Attualmente è in corso di studio e di pubblicazione, a cura del prof. Perfetti, una stesura definitiva; diversi stralci si trovano già pubblicati nei volumi a cura di ADELE CAMBRIA (*Maria José* Longanesi, Milano 1966), in quello di LUCIANO REGOLO (*La regina incompresa* Simonelli, Milano 1997) e di SILVIO BERTOLDI (*L'ultimo re l'ultima regina* Rizzoli, Milano 1992).

E la sera noi fummo fidanzati, dopo una passeggiata nel bosco. Sono felice, senza poter ancora realizzare fino in fondo. Ho ricevuto un magnifico anello con un rubino – di buon auspicio, è la pietra del leone – e un braccialetto. Io restai incantata da tutto. Lui è affascinante così buono e dolce, senza essere vuoto. Miscuglio di slavo e italiano, curiosa combinazione. Orientale per la sua immaginazione, il suo gusto per le cose belle. Occidentale per la fermezza del suo carattere. Costanza logica nelle idee. Unione di contenuti e di forma. È la persona che sogno da tempo[29].

La data per il fidanzamento ufficiale fu fissata per il 24 ottobre successivo, giorno memorabile che passerà alla storia certamente non per il fidanzamento dei Principi di Piemonte ma per essere stato quel giovedì nero di Wall Street che mise in ginocchio l'economia e, con questa, l'intera vita civile degli Stati Uniti d'America. La macchina per le nozze reali, che si sarebbero svolte il giorno 8 gennaio del 1930, fu avviata: più che un matrimonio fra Principi si dette vita ad una maestosa parata di Stato, per nulla dissimile a quelle a cui ci hanno abituato nei nostri giorni in Inghilterra i Windsor[30]. Mussolini, che per l'occasione fungeva

---

[29] La pagina del *Diario* è riportata in L. REGOLO *Il re signore*, Simonelli Editore, Milano 1998, p. 221.

[30] L'evento così venne raccontato, in quei giorni dalle pagine dei quotidiani: «Il matrimonio di Umberto e Maria José costituisce probabilmente la più spettacolare manifestazione mondana della storia italiana. Per una settimana la città è sotto i riflettori del mondo con teste coronate e uomini di stato di tutto il mondo convenuti per la cerimonia: oltre ai reali d'Italia e del Belgio ci sono, tra gli altri, il duca di York (futuro Giorgio VI d'Inghilterra), re Boris di Bulgaria, il reggente del trono d'Ungheria ammiraglio Horty, la principessa Antonietta di Baviera, Manoel di Braganza, l'ex re afgano Ananullah Khan, l'infante di Spagna, il generale Henri Petain. Per il fascismo, ormai al potere da otto anni, è l'occasione per legittimarsi agli occhi della diplomazia internazionale ed è il regime a gestire l'evento.
Roma viene rivisitata con una scenografia che richiama i fasti dell'urbe latina. Archi trionfali in cartapesta, costruzioni posticce che riecheggiano la monumentalità antica, decori in mirto e alloro, uomini in uniforme di gala ad ogni incrocio: uno spettacolo di ardimento architettonico e di fantasia rievocativa che modifica il senso dell'armonia coltivato dai classici, ma esalta il gusto della magnificenza e della

da Notaio della Corona ed aveva ricevuto da Vittorio Emanuele III il Collare dell'Annunziata, la qual cosa lo portava ad essere cugino del re, sbalordito da tanta regale magnificenza, per non essere da meno, lui che di sangue blu non ne aveva nemmeno una goccia, si mise subito ad organizzare il matrimonio della figlia Edda con il conte Ciano nella speranza di poter offrire uno spettacolo altrettanto sfarzoso, ma che invece risultò essere solamente una riunione di gerarchi fascisti e di camicie nere (il matrimonio fu celebrato il 24 aprile); la Corona, dal canto suo, sempre nel 1930, organizzò anche le nozze di Giovanna, ultimogenita di Vittorio Emanuele ed Elena che, il 25 ottobre, sposò re Boris III di Bulgaria: matrimonio anche questo dai nefasti esiti[31].

Le prime amarezze la giovane Maria José le registrò proprio nei giorni in cui si susseguirono i molteplici ricevimenti reali organizzati per il matrimonio; infatti, la principessa si vide forzata a non poter

grandiosità di cui si compiace l'Italia fascista. Nella Cappella Paolina del Quirinal,e accanto a nobiluomini e nobildonne di antico lignaggio, ci sono rappresentanti del regime, il presidente del Senato Luigi Federzoni e il capo del Fascismo e del Governo Benito Mussolini. Il duce, anzi, entra nella Cappella per ultimo e viene salutato da tutti con un cenno di inchino aristocratico. La compresenza di nobili e gerarchi è emblematica del significato politico delle nozze: lo spettacolo della cerimonia deve dare la misura del nuovo regime, provare la sua forza e la sua modernità, dimostrare la sua capacità di affermazione; a sua volta la presenza di tanta illustre aristocrazia deve assicurare al fascismo un palcoscenico di primo piano, sanzionandone il riconoscimento del massimo livello. Mussolini in posa accanto ad Alberto del Belgio o al Duca di York è un messaggio di credibilità veicolato all'interno dell'Italia e, insieme inviato a tutte le diplomazie straniere: è questo, in fondo, il vero messaggio del matrimonio tra Umberto e Maria José».

[31] Boris, appartenente alla famiglia Sassonia Coburgo-Gotha, re dal 1918 della Bulgaria, morì il 28 agosto del 1943, presumibilmente avvelenato dopo un incontro in Germania con Hitler dove si era recato per trattare le condizioni dell'uscita della Bulgaria dalla guerra. A questa morte è legata un'altra tragedia per la famiglia reale italiana, in quanto, Vittorio Emanuele III, non potendo partecipare personalmente ai funerali del Re suo genero, perché segretamente impegnato nelle trattative dell'armistizio con gli anglo-americani, inviò a presenziare la figlia prediletta Mafalda che, al rientro in Italia, fu catturata dalle S.S. di Hitler e rinchiusa, dal 18 ottobre 1943, nel campo di prigionia di Buchenwald dove, successivamente, morì in seguito ad un bombardamento effettuato sul campo di sterminio, il 28 agosto 1944.

schiudere dai suoi bauli gli abiti ed i cappellini che aveva fatto preparare per l'occasione perché costretta ad indossare i vestiti e gli accessori voluti e disegnati direttamente da Umberto, trasformatosi per l'occasione in costumista, scenografo e designer, compreso l'abito ed il mantello da sposa: un monumento di seta e argento il cui peso superava i dieci chili e che fece sussurrare a Maria José, guardandosi allo specchio: «Sembro una Madonna in processione»[32].

Moglie fedele

Che tra i due sposi ci fosse qualche problema lo si rivela sin dal viaggio di nozze che non avvenne, come si può immaginare, in un luogo romantico e appartato dove i due sposi potessero vivere appieno la loro intimità, ma in montagna, a Courmayeur, dove Umberto si fece immediatamente raggiungere da uno stuolo di nobili amici perditempo. Maria José confesserà, in la negli anni: «dovevo capirlo da quella prima sera e scappare subito! Anche perché il viaggio di nozze fu proprio una bella scampagnata». I primi anni furono trascorsi dalla coppia a Torino, una città che Maria José trovò fredda, poco accogliente, non colta, ma soprattutto molto frivola, frequentata da una mondanità aristocratica e stolta di cui se ne guardò bene di entrare a farne parte; iniziò a svolgere una vita un po' solitaria in giro per concerti, mostre, eventi culturali, a contatto con persone di cultura e soprattutto si aprì ad un'intensa attività benefica lavorando con numerose istituzioni cittadine: impegni degni di una principessa ereditaria. Avrebbe voluto dedicarsi ai giovani del Cottolengo, ma Umberto glielo impedì in quanto preoccupato che la visione di quei poveri sventurati la potessero turbare; in effetti Umberto era molto protettivo, galante, premuroso ed affettuoso nei confronti della sposa. Sono gli anni in cui la propaganda scandalistica fa girare molte chiacchiere e pettegolezzi circa presunti flirt del Principe e che Maria José, dal canto suo, avrebbe gradito che fossero stati smentiti dal marito, ma si trovò, invece, di fronte un muro cieco e sordo verso

---

[32] L. REGOLO, *op. cit.* p. 254.

questa richiesta in quanto Umberto aveva fatto suo il motto paterno «una casa regnante non può che ignorare certe voci da comari».

Dopo due anni di vita torinese la coppia si trasferì a Napoli che, grazie al calore dei suoi cittadini, ben accolse i principi che andarono a vivere a palazzo reale, dove Maria José occupò l'appartamento precedentemente abitato da Maria Sofia. La vita di coppia sembrò avere una svolta favorevole, anche se a rattristarne le circostanze vi era la complicazione che, a distanza di oltre tre anni dal matrimonio, ancora non fosse nato l'erede. Così com'era accaduto molti anni prima con la regina Maria Sofia, si accavallarono voci di possibili problemi fisici, che certo non venivano attribuiti al maschio in questione: era inaudibile solo pensare che un principe o un re potessero avere problemi di sterilità o quant'altro; era molto più semplice credere e parlare di sterilità femminile. Anche Vittorio Emanuele era molto angosciato da questa situazione, se non altro per il fatto che essendo Umberto l'unico maschio di Casa Savoia, se non avesse avuto figli avrebbe dovuto, in futuro, cedere la corona al ramo cadetto della famiglia gli odiati, ma molto più valorosi ed eroici Aosta: Amedeo e Aimone che tali erano visti e considerati da Maria José che li frequentava assiduamente, anche perché veniva coinvolta dalla loro semplicità e gioia di vivere. Queste frequentazioni attirarono sui personaggi in questione pettegolezzi e maldicenze, alcuni messi in giro proprio dalla stampa di regime, ostile alla principessa.

Sulle maternità di Maria José si è molto discusso e favoleggiato: visite mediche ed interventi chirurgici all'estero, mediazione scientifica; i più dissacranti hanno ventilato che le paternità non fossero "principesche", per poter continuare a diffondere quei pettegolezzi messi in circolazione sempre dal regime, circa la scarsa virilità di Umberto[33]. Di certo c'è solamente che la principessa si recò, su insistenza del re all'inizio del 1932, in Germania, accompagnata dal medico di corte

---

[33] In merito alle frequentazioni ed alle abitudini sessuali del Principe, presso l'Archivio Centrale dello Stato a Roma, sono presenti differenti *dossier*, elaborati e voluti dal Regime per screditare la figura di Umberto, che ho ritenuto di non analizzare non essendo, quest'ultimo, il soggetto principale di questo scritto.

Antonio Quirico, ad effettuare un consulto medico da un luminare della ginecologia, i cui esiti però avrebbero dovuto attendersi ancora per due anni. Di questa visita se ne trova notizia in un rapporto della Polizia Politica:

> Circola la voce negli ambienti torinesi, così ha detto il Sig. Conte Antonio Quirico ad un comune amico che l'insigne babbo suo abbia condotto la Principessa Maria all'estero per una visita ginecologica tendente ad un intervento per metterla in condizione di diventare madre. La voce è insistente. Eccone l'origine: S.E. il Conte Giovanni Quirico ha accompagnato S.A.R. la Principessa Maria in un viaggio di piacere per venti giorni in Germania a Bairenth, Norimberga, Monaco ecc. tornando il 10 agosto scorso a S. Anna di Valdieri. Questo fatto ha dato la stura a parecchie dicerie, fra le quali quella del consulto ginecologico[34].

Quando rimase incinta fu la stessa principessa ad annunciare l'evento, prima dei cinque mesi che le imponeva il protocollo di corte; a Galeazzo Ciano raccontò: «questa volta le cose si erano svolte regolarmente, senza intromissione di medici e di siringhe», notizia che lo stesso Ciano puntualmente riportò nei suoi diari e che quindi fece emergere che realmente qualche problema, in precedenza, doveva esserci stato e che, però, risultava essere risolto visto che il 24 settembre 1934 venne al mondo Maria Pia; il 1937 nacque il tanto atteso erede al trono Vittorio Emanuele; il 1940 Maria Gabriella ed infine, in piena guerra, nel 1943 Maria Beatrice. Gli anni di Napoli, allietati dai fasti eventi sembrarono dare finalmente nuova luce alla coppia che sino all'avvento della guerra nel 1940 visse in armonia, circondata da una città e dal suo popolo che li ammirava e coccolava con quel calore che solo i napoletani, a volte, hanno saputo e sanno ancora dimostrare: era tutta una gara tra commercianti, pescatori e ristoratori a chi faceva prima a far giungere sulla tavola principesca le ghiottonerie e le

---

[34] ACS. Ministero Interno divisione Polizia Politica, fascicoli personali serie B 1927-1944. Lettera datata *Ramponio, 20 Agosto 1931*.

prelibatezze stagionali. In definitiva furono gli anni in cui finalmente fiorì il vero amore tra Umberto e Maria José.

Competente politica

È certo che al suo arrivo in Italia Maria José trovò un Paese ben organizzato la cui politica di regime provvedeva alla crescita ed allo sviluppo dello Stato nei suoi vari settori: erano certamente ormai lontani gli anni delle agitazioni popolari, delle sommosse e degli scioperi; la fine degli anni Venti ed i primi anni Trenta, infatti, erano quelli in cui Mussolini, non ancora attratto dalle idee conquistatrici hitleriane e da quelle imperiali, ma soprattutto in buon accordo con la casa regnante, permise all'Italia e agli italiani di poter diventare un Paese laborioso, tranquillo e ricco di orgoglio nazionale. Gli italiani, infatti, iniziarono ad essere orgogliosi non solo del Paese in cui vivevano ma, soprattutto, erano fieri di coloro che li governavano e che avevano permesso loro un certo benessere: Vittorio Emanuele III ed il Duce.

Maria José incontrò per la prima volta Mussolini nel 1925 e ne restò, se non attratta, almeno ben impressionata: vide in lui l'uomo capace della crescita del Paese. Pur essendo un'antifascista convinta, in questi anni fu in sintonia col fascismo; tra i due prima dell'entrata in guerra vi furono vicendevoli rapporti corretti pur se non proprio amichevoli. Nei suoi diari, Maria José, così descrive il capo del Fascismo che a volte riporta anche con l'appellativo di *provolone*:

> [...] ho parlato diverse volte con lui. Al principio ascoltava con interesse e cortesia ogni mia richiesta. Non toccavamo argomenti di politica. Gli parlavo di un ospedale o di un asilo, di qualche finanziamento che sarebbe stato necessario ottenere, di un inconveniente che bisognava eliminare. «Ah, si» rispondeva lui «manderò un ispettore». Oppure, senz'altro «farò destinare due milioni». Dopo, però, non so cosa sia successo, non si poteva ottenere più niente. Ma i primi anni, debbo dirlo era molto gentile. Poi è cambiato. Anche fisicamente. Da

quando cominciò a portare le uniformi e si mise con Hitler, da allora comincia il suo declino.

Si incontrarono spesso, principalmente in estate, nella tenuta di Castelporziano, che il Re aveva messo a disposizione del Duce e dove, sia Mussolini che Maria José, si recavano con frequenza perché entrambi erano attratti dai bagni di mare; fu proprio da queste frequentazioni che si è sussurrato di una presunta *liaison*. In effetti, questa relazione è solo nelle cronache di questi ultimi anni che è tornata alla ribalta e si è esplicitata grazie alla pubblicazione di una lettera di Romano Mussolini, l'ultimo figlio del Duce, datata 1 luglio 1971 e inviata al giornalista Antonio Terzi (scomparso nel 2001), all'epoca vicedirettore del *Corriere della Sera*, ritrovata e pubblicata pochi mesi orsono dal figlio del giornalista, in cui Romano asserisce:

> Posso in perfetta buona fede confermare che spesso in casa nostra si è parlato dei rapporti sia politici sia sentimentali tra Maria José e mio padre, e ti posso dire con sincerità che mia madre a tale proposito è stata sempre (anche se coi logici riserbi) assai esplicita: tra mio padre e l'allora Principessa di Piemonte v'è stato un breve periodo di relazione sentimentale intima, poi credo sicuramente interrotta per volontà di mio Padre[35].

Che tra i due vi sia stato, nei primi anni Trenta, un rapporto di cordiale e reciproca amicizia era già un dato di fatto, e a testimonianza vi sono le lettere e i ricordi di Claretta Petacci in cui, l'amante del

---

[35] Su questa lettera, pubblicata sul settimanale *Oggi* tra agosto e settembre 2011 si è molto discusso, a decretarne l'autenticità è stata, tra gli altri, Maria Scicolone, prima moglie di Romano Mussolini la quale ha confermato: «Sì non c'è dubbio, quella lettera di Romano è autentica. La grafia è sua, suo il modo di scrivere, soprattutto solo lui poteva avere quei ricordi. Che non sono assolutamente corrotti, perché Romano su certi argomenti era uomo sincero, anche a costo di essere crudele con se stesso e con chi amava. Mi costa fatica parlarne, ma posso solo rispondere che tutto quello che c'è scritto nella lettera del mio ex marito è vero».

Duce, ripercorre giorno dopo giorno, nei suoi diari[36], la tormentata vita amorosa col Duce, riportando in corsivo proprio le parole dette da Benito Mussolini, durante i loro incontri e, a proposito dei rapporti con Maria José, il 6 novembre 1937 annota:

Giochiamo al pallone. Poi mi stanco, andiamo al sole come sempre, si sdraia. Parla della Principessa «Certo che a pensarci è tutto molto strano Maria José si sdraiava qui vicino a me, le gambe quasi si toccavano ed era seminuda. Io ero così come sto con te… Forse hai ragione tu aveva uno scopo. Venne Bastiano e mi disse: "C'è Maria di Savoia che chiede se può venire giù da lei". "Ma si venga pure."
Io che stavo seminudo, pensa quanto sono fesso, mi affrettai a coprirmi e m'infilai quei calzoni lì. Lei arriva, mi dice: "disturbo forse?" "ma no altezza fate pure"
Lei con un gesto fa cadere il vestito e… Era quasi nuda, un paio di mutandine cortissime e due piccoli strati sul seno. Io rimasi meravigliato. Naturalmente non lo davo a vedere, pensai: "Mah è un po' nuda". Logicamente mi tolsi anch'io i pantaloni. Era venuta accompagnata dal gentiluomo e dalla sua donna. Quando avevo visto quei due pensai: "Ora devo sorbirmi anche il gentiluomo". Invece, quando fecero per venirle dietro lei si voltò e un cenno, uno sguardo, fece capir loro di allontanarsi.
Così ci siamo sdraiati sull'erba, era l'11 agosto e c'era un sole tremendo. Lei disse "facciamo il bagno, io so nuotare sapete, sono una nuotatrice dei mari del nord".
Andammo.
Nuotava bene era resistente. Ogni tanto urtava le mie gambe, non so se lo facesse apposta. Certo io non facevo nulla per andarle contro. Siamo tornati, e lei si sdraiò qui vicino a me con gran disinvoltura. Ogni tanto mi dava delle lunghe guardate. Parlammo di tante cose, libri, vita di corte. Non è eccessivamente intelligente, è un'intelligenza misurata, non vivace. Prima di capire, di rispondere, riflette.

---

[36] CLARETTA PETACCI, *Mussolini segreto Diari 1932-1938*, a cura di MAURO SUTTORA, Rizzoli, Milano 2009.

Se devo dirti, in me non si mosse nulla, non ho avuto il minimo impulso fisico. Eppure sono tutt'altro che freddo. Qualsiasi donna fosse venuta qui e si fosse messa in quelle condizioni di nudità, l'avrei presa. Lei no, non mi smuoveva niente, non so. Come lo spieghi? Eppure non è brutta, ha un bel corpo fatto bene, sottile. È bruttina di viso, e certe fette: che piedi, vedessi. Poi quei capelli biondi crespi, sono un po' antipatici.

Comunque, fosse stata anche più brutta di lei, che non è brutta, io l'avrei presa. Lei no. Come sarà? È legnosa non attrae, ma cos'altro c'era?»

Claretta «Era la moglie del principe».

Mi guarda, sorride: «Sì forse questo. Non ho avuto il più piccolo impulso fisico. Stava in tale modo che a volte si vedeva anche il pelo. Alla sera finì che presi l'iniziativa di andarmene, perché lei non accennava a farlo. Dissi "devo andare al lavoro".

E lei: "Chissà quante cose noiose dovrete fare".

"Né noiose né divertenti: necessarie".

E lei "Permettete che rimanga ancora qui a leggere?".

"Fate pure quanto volete".

Lo disse con un tono quasi a dire: "Io rimango qui nella tua casa ancora".

Poi: "Posso tornare domani? Non vi disturbo?"

Che dovevo rispondere?

L'indomani era ancora qui nuda, più succinta. Aveva un fazzoletto verde in testa e gli occhiali neri, il seno quasi libero. Entrò si sdraiò subito lunga qui e disse: "Ah oggi sono contenta e più tranquilla, non ho quei noiosi cortigiani. Sono venuta con una domestica, una donna semplice, fidatissima, l'ho lasciata in capanna"».

Claretta: «Strano discorso e chiaro, voleva dire: ora puoi fare ciò che vuoi, se ieri avevi pudore per i cortigiani, oggi sono sola».

Mi guarda: «Tu dici? Certo, ora a pensarci direi anch'io. Perché poi si metteva in tutte le posizioni, così a ventre sotto, il c... per aria e si muoveva, mi sfiorava le gambe e mi guardava. Io allora non facevo tutte le considerazioni che facciamo adesso, agivo per istinto. Ma si fosse mosso nulla in me, ero perfino meravigliato. Avrà pensato: "Mussolini è impotente, oppure fesso"».

Claretta: «E avresti fatto un bel guaio se non fossi stato tu come sempre. Lei aveva probabilmente fidato sull'impulso dei sensi, qui lo frego e poi al resto penso io. O curiosità, o capriccio o calcolo, sono certa».

«… il terzo giorno, poi, fece scivolare il discorso sul sesso. Mi disse: "Ho letto in questi giorni un libro che mi ha molto turbato: la … del sesso. Sono rimasta pensierosa. Voi cosa ne dite degli uomini che hanno delle altre tendenze oltre le giuste?".

Questo me lo domandò dopo aver girato un bel po' intorno al sesso, alle donne ecc. io naturalmente capii dove voleva andare a parare. La domanda era insidiosa: "Come li giudicate?". Risposi: "Li divido in due categorie, i malati e i viziosi. I malati li compatisco, i viziosi li condanno e li detesto.

Rimase un po' scossa, come colpita. Si fece un po' pallida e si mise seduta ma era perplessa».

Claretta: «Naturalmente la tua risposta politica la lasciava in dubbio in quale delle due categorie mettevi il marito».

Mussolini: «Già la domanda mirava forse a sapere che opinione avevo di quella gente, e naturalmente credeva io cadessi. Pensò un poco, poi disse "Credo che avete ragione".

Continuò ancora a parlare di sesso, di forza virile, ecc. Io indifferente, non attaccò neanche così. E ti dico che era talmente succinta che nessun uomo che meriti di chiamarsi così sarebbe stato fermo. Invece nulla: io ero il capo del governo, e lei la principessa.

Venne ancora il giorno dopo, quattro o cinque volte venne e parlò di corporazioni, che cosa intendevo io per corporativismo, parlò di differenze di leggi … Io la guardavo e pensavo: "Ma a te cosa importa di queste cose?" […] Poi feci capire che era inutile e lo capì. Tornò da me prima di partire per l'Africa per congedarsi, e poi venne in luglio dopo tornata altre due volte. Mi disse: "Sono molto contenta, sono incinta". Ma era ancora più nuda di prima, anzi pensai che era un po' strano, erano due mesi diceva lei.

Quando giunse il battesimo rimasero veramente addolorati che non ci sia andato. Ero zoppo, con questa gamba che mi faceva male, e non potevo zoppicare in una cerimonia. Glielo dissi ma rimasero avviliti[37].

---

[37] La testimonianza è riportata da CLARETTA PETACCI in *op. cit.* p. 84 – 88.

Come veramente si siano svolti questi incontri e cosa sia realmente successo, nonostante i *corsivi* di Mussolini, riportatici da Claretta Petacci, non è dato saperlo; una cosa però è certa che il Duce moltissime volte aveva mentito a Claretta circa i suoi rapporti e gli incontri con altre donne, anche perché ella soffriva di una gelosia ossessiva, quindi il Duce soprattutto in questa circostanza, potrebbe benissimo aver mentito sull'andamento della *liaison* con la principessa, come potrebbe anche essere stato sincero.

È certo che col passare del tempo il rapporto andò via via dissolvendosi grazie anche ai cambiamenti che Mussolini attuò in politica; dopo l'alleanza con la Germania, Maria José ne divenne acerrima nemica, lei che non aveva mai visto di buon occhio i tedeschi perché l'avevano costretta, negli anni della sua infanzia, ad abbandonare la famiglia e l'amato Belgio allorquando, allo scoppio della prima guerra mondiale, le truppe germaniche avevano invaso la sua Patria. Ed il suo odio per i tedeschi aumentò ancora di più quando nel 1939 costrinsero nuovamente all'esilio i suoi cari ed è proprio a causa di questo secondo esilio che nell'ottobre del 1940 la principessa andò a parlare e trattare direttamente con Hitler per rendere meno dure le condizioni di vita di suo fratello, il re Alberto, e della sua famiglia allontanati dal trono del Belgio.

Dei legami della Principessa con altri personaggi del fascismo si è molto parlato, soprattutto di quelli con Italo Balbo, l'affascinate Ministro dell'Aeronautica che nel 1933 guidò, tra la gioia del Paese e l'invidia del Duce, 24 idrovolanti in quella che resterà nella storia la più grande traversata atlantica per quei tempi. Anche su questo rapporto di amicizia si è favoleggiato di un presunto flirt con Maria José. In effetti i due mantennero un'amicizia affettuosa anche dopo che Balbo fu *trasferito* in Libia e da dove, in disaccordo col Duce, sostenne la popolazione africana, attuando varie riforme sociali, inquadrando i cittadini, coadiuvati dai tanti italiani ivi giunti dopo la nascita dell'Impero, in organizzazioni fasciste o in speciali reparti dell'esercito. Certamente il fascino di un uomo del Fascio che riusciva allo stesso tempo a tenere testa e criticare l'operato e la condotta di Mussolini non poteva non lasciare indifferente una personalità fuori dalle regole quale Maria José che riconobbe nell'intelligenza e nella cultura di Balbo quella natura di uomo vitale ed audace, capace di sovvertire gli ordini e le regole che quei tempi imponevano. Lo incontrò in Libia una prima volta, assieme ad Umberto, quando i due si recarono per una visita di Stato; successivamente la principessa andò in Africa altre volte, anche per quegl'impegni assunti con la Croce Rossa. A tal proposito è la solita Polizia Politica[38] a mantenere vivo l'argomento con dettagliate relazioni. Difatti in merito così relaziona:

> Negli ambienti vaticani ha fatto molta impressione ed ha destato vivaci commenti il fatto che la Principessa di Piemonte sia partita in idrovolante per Bengasi insieme al Maresciallo Balbo.
> […] In Vaticano i commenti e gli apprezzamenti si incrociano in due sensi. O che vi possano essere dei rapporti più che amichevoli tra la Principessa e Italo Balbo, o che questi, come da un pezzo si vede chiaramente, cerchi sempre di più allinearsi a Casa Savoia e avere la protezione dei singoli membri di essa.
> Si dice infatti che l'On. Balbo, entrando nella intimità di Casa Savoia, cerchi di soppiantare il Duce per prendere, poi un giorno o l'altro le redini del Governo[39].

---

[38] La Polizia Politica fu un organo istituito dal Regime per controllare le personalità dello Stato e seguirne le alterne vicende, costruisce dei veri e propri dossier personali dove raccoglie tutta quella documentazione acquisita circa quanto in giro si dice o si vede relativamente a singoli illustri personaggi. Sono questi, comunque, documenti non ufficiali e il più delle volte consistono in veline datate ma non firmate. Molto si è discusso sulla veridicità dei fatti riportati in queste carte, basti riflettere sul comportamento assunto nei confronti dello stesso principe Umberto che nel corso degli anni Venti e per i primi anni Trenta si fa passare per un impenitente donnaiolo avvezzo unicamente ad avventure galanti, per poi trasformarlo, sul finire degli anni 30 e per tutto il corso della Seconda Guerra Mondiale, in quel pederasta senza scrupoli dedito a molteplici incontri con il mondo omosessuale.
[39] ACS. *Ibidem*: lettera inviata alla Città del Vaticano il 17 Giugno 1935.

Successivamente il pettegolezzo prende una strada sempre più diffamatoria nei confronti dei due illustri personaggi; infatti, la Polizia Politica così relaziona a Torino:

Parlando della recente nomina di De Bono, si parla dell'altro quadrumviro Maresciallo, e poiché a Torino le simpatie sono per il Principe Umberto, anziché per la Principessa, si deplora il contegno di S.E. Balbo e della Principessa di Piemonte – già molto era commentata la voce di una nuova maternità della Principessa, maternità che sarebbe scaturita dal famoso soggiorno dello scorso giugno in Cirenaica dove a tutti era evidente l'intimità di Lei con il Maresciallo Balbo[40].

Successivamente:

Con profonda ripugnanza riferisco qualche voce relativa alla partenza di S.A.R. per l'A.O. quale crocerossina.
Se ne va laggiù per … fabbricare l'erede al Trono, se ne va laggiù perché profondamente disgustata dalla vita corrotta del marito, se ne va laggiù soltanto per fare un gesto teatrale. Trattasi di voci che circolano anche negli ambienti Diplomatici[41].

Infine:

All'albergo Excelsior due signori ieri sera parlavano della presenza a Salisburgo della Principessa di Piemonte e misero in relazione alla sua presenza l'andata a Salisburgo stessa di S.E. Italo Balbo. Secondo i predetti che ricordarono un viaggio da soli fatto da Balbo con la Principessa in volo dall'Italia a Tripoli, con apparecchio pilotato dallo stesso Balbo, fra i due esisterebbe una relazione tutt'altro che sentimentale.

---

[40] ACS. *ibidem*: lettera del 19 Novembre 1935.
[41] ACS. *ibidem*: lettera del 26 marzo 1936.

Nel discorso fu detto che del resto il Principe Umberto avrebbe molte colpe verso la moglie e che è naturale come possa esser sorta la relazione di cui accennavamo[42].

Questi frequenti viaggi della principessa nell'Africa Orientale alimenteranno le voci di presunte relazioni extraconiugali non solo con l'eroico aviatore ma anche, e presumibilmente molto più insistenti, e chissà se più attendibili, con l'altro eroe *africano* il duca Amedeo d'Aosta, uomo di gran cultura e sensibilità, esuberante e valoroso combattente, caratteristiche indispensabili queste che lo avvicinarono alla principessa che, assieme a lui, trascorse momenti di intima serenità, alimentando non solo il *gossip* mondano, ma facendo storcere il naso alla famiglia reale che vedeva nei cugini Aosta i possibili usurpatori del Regno.

Degli incontri con Croce, il filosofo avverso al regime e schedato come antifascista, che la principessa aveva avuto modo di leggere sin dai suoi anni giovanili in Belgio, si è narrato molto nella cronaca del tempo, soprattutto di come i due abbiano tramato alle spalle del re e di Mussolini: la principessa al fine conoscere effettivamente la reale situazione della politica italiana, del fascismo e di Casa Savoia; il filosofo con lo scopo di persuadere Maria José ad avere un maggiore peso politico nelle decisioni della corte onde poter discutere con il re e convincerlo ad una definitiva scissione dall'ormai disastroso binomio corona/fascismo.

Altro personaggio con cui Maria José mantenne rapporti confidenziali fu il conte piemontese Umberto Zanotti Bianco, anch'egli convinto antifascista, tanto da essere confinato a Paestum, dove, però, si era dedicato, con buoni risultati, allo studio dell'archeologia e da dove mantenne sempre viva la sua relazione con la principessa, diventandone consigliere, informatore ed anche il più fidato e scrupoloso collaboratore dell'Associazione Nazionale per gli interessi del Mezzogiorno (ANIMI), di cui Benedetto Croce fu tra i soci fondatori ed i cui scopi erano volti agli ideali umanitari. Sarà la stessa Maria José che, per evitarne la chiusura, negli anni della guerra pose l'Ente direttamente sotto il suo patronato.

---

[42] ACS. *ibidem*: lettera del 22 agosto 1936.

Al Quirinale la principessa creò un vero e proprio salotto culturale dove incontrò amici, politici e soprattutto tutti i personaggi sia pubblici che privati legati all'antifascismo. Quando questi appuntamenti risultavano troppo invisi alle persone di fedele marca non solo antifascista ma anche antimonarchica, gli incontri avevano luogo nell'abitazione di Sofia Jaccarino, una modesta artista che viveva al colle Palatino. Il Quirinale anche in questa occasione, come era avvenuto decenni prima con Maria Sofia, divenne il perfetto *boudoir* di incontri segreti per la ragion di Stato.

Principessa esiliata

Gli eventi stavano ormai precipitando, l'asse Roma/Berlino, voluto da Mussolini, e accordato da Vittorio Emanuele, trascinò il Paese in una guerra quanto mai lunga e devastatrice ma, soprattutto, inutile e dannosa per tutto l'assetto geopolitico europeo. Maria José, prima dell'entrata in guerra della stessa Italia, si preoccupò esclusivamente della situazione del Belgio, tanto da recarsi, come già detto in precedenza, senza nessun preavviso né al suocero né al Governo italiano, in Germania a contrattare con Hitler le sorti del fratello. Rientrata a Roma tra le prime cose che fece, nel dicembre del 1940, contravvenendo ad un'altra di quelle rigide etichette che imponevano ai membri della famiglia reale di non aderire ad alcun partito politico, richiese di essere iscritta al Partito Nazionale Fascista, forse proprio su pressione o consiglio del *Führer*, il quale, in queste azioni, aveva ammirato l'audacia e la fermezza della principessa.

In seguito negli anni, giustificherà questa mossa come obbligata e unica scelta al fine di poter continuare a ricoprire l'incarico di ispettrice della Croce Rossa e poter, così, continuare a dare il suo contributo sul campo verso le persone bisognose di cure. Sarà proprio la Croce Rossa ad occupare gli anni della guerra per la principessa che, come consuetudine, aiuterà, soccorrerà e veglierà su quei poveri *fratelli* sofferenti, passando da un ospedale militare all'altro, portando assistenza e conforto ai militari italiani, così come aveva fatto la prozia Maria

Sofia, prima durante la presa di Gaeta, e poi, dopo anni, nel corso della prima guerra mondiale.

Arriverà puntuale, sola e senza alcun seguito, laddove imperversano i bombardamenti: a Genova nel febbraio del 41, a Napoli, a Taranto, a Palermo nel 1942, e in tutte le città che venivano martoriate dai raid aerei; a Roma il 19 luglio del 1943, nel quartiere di San Lorenzo, duramente colpito, si incrocerà con Pio XII che, in questa triste occasione, per la prima volta da quando era salito al soglio pontificio, uscì dalle mura del Vaticano, per portare conforto ai sopravvissuti al feroce bombardamento. In questa occasione Maria José calibrò bene i tempi stando ben attenta a non incrociarsi con il suocero, recatosi anch'egli sul luogo dei bombardamenti, dal momento che i rapporti tra i due, da quando era scoppiata la guerra, erano totalmente inesistenti e i due personaggi facevano reciprocamente di tutto pur di non incontrarsi.

In piena guerra, mentre il Paese si trovava, ormai, in una situazione di totale sfascio, in tutto l'entourage reale fu solo Maria José a rendersi conto che era giunto il momento di cambiare qualcosa nell'assetto politico. Ne parlò con Umberto il quale era anche lui convinto che il fascismo fosse giunto al capolinea e soprattutto che Mussolini non era più credibile come capo del governo; però dato il rapporto di "sottomissione militare" che lo legava al padre egli non era in grado di poter prendere, in totale autonomia, alcuna decisione in merito. Mi piace credere che, impossibilitato a farlo direttamente, Umberto abbia potuto incoraggiare la moglie a svolgere quell'azione antifascista che avrebbe permesso quel radicale cambiamento che il Paese tutto attendeva ormai da tempo. È in questa fase che Maria José iniziò a progettare un suo personale "colpo di Stato" contro la dittatura, la Germania e la guerra stessa, tanto che incontrò, nell'agosto del 1942 in Valle d'Aosta a Cogne, il generale Pietro Badoglio al quale rivolse questi interrogativi: «Cosa pensa lei di un eventuale capovolgimento politico?». Il Maresciallo, da sempre unito a Casa Savoia e quindi direttamente sotto i comandi del Re, rispose:

Penso sia indispensabile, ma non sono io a decidere.
E chi allora, controbatté Maria Jose

Suo suocero, Altezza. Lo dica a suo suocero. Se il re mi da il via l'esercito è pronto a muoversi. Sarà sufficiente un reggimento di granatieri per circondare villa Torlonia e il colpo è fatto[43].

Di quest'incontro Badoglio annoterà nel suo diario: "la Principessa mi spinge a radicali decisioni".

Come è ben noto ella si mosse anche all'interno della Chiesa romana; infatti, resasi conto del grande ruolo che avrebbe potuto avere la chiesa nell'ambito internazionale, iniziò a tessere rapporti con il Segretario di Stato Vaticano Monsignor Montini il quale, a sua volta, aveva grandi legami con tutto l'ambiente diplomatico, ed era utile ad eventuali contatti con i governi non belligeranti. Ma se da un lato Montini si dimostrò attivo interlocutore tra la Chiesa e la politica internazionale, volta ad una chiusura con la guerra e tutte quelle atrocità che erano ormai giunte da oltre confine alle orecchie di molti, dall'altro i silenzi e i dilemmi che attanagliavano Papa Pacelli il quale pur sapendo cosa stesse avvenendo in Polonia, in Ucraina ed in Germania, nulla fece, forse per timore, forse perché la Chiesa doveva rimanere neutrale e fuori dagli avvenimenti della guerra combattuta, o forse perché una condanna al nazismo e al fascismo avrebbero portato alla vittoria la Russia bolscevica, che la Chiesa vedeva ancora come il solo ed unico nemico da combattere ed eliminare. Sarà lo stesso Montini che sulla base del rapporto di un funzionario dell'IRI, il 18 settembre 1942 scriverà: «I massacri degli ebrei hanno raggiunto proporzioni e forme esecrande e spaventose. Incredibili eccidi sono operati ogni giorno; pare che per la metà di ottobre si vogliono vuotare interi ghetti di centinaia di migliaia di infelici languenti»[44].

Ma le uniche parole di Pio XII in merito a quanto di tragico stesse avvenendo furono enunciate nel messaggio di Natale dello stesso anno: «questo voto di pace in un ordine nuovo l'umanità lo deve alle centinaia di migliaia di persone le quali, senza veruna colpa, talora

---

[43] *Cfr.* A. Petacco, *op. cit.* pag 178.

[44] G. Miccoli, *I dilemmi e i silenzi di Pio XII*, Rizzoli, Milano 2000, *cit.* pag. 12.

solo per ragione di nazionalità o di stirpe, sono destinate alla morte o ad un progressivo deperimento»[45].

Gli incontri clandestini tra Maria José e Montini durarono fino a tutto il luglio del 1943 grazie anche all'intercessione del professore Guido Gonella, uomo molto attento a non far trapelare che la Chiesa stesse tramando con la principessa contro il governo del Duce, anche perché aveva il terrore di quale sarebbe potuta essere la reazione di Mussolini se avesse saputo che la nuora del re tramava, contro di lui, con il braccio destro del Papa. In effetti da una relazione della Polizia Politica rinvenuta nel fascicolo personale di Maria José sembrerebbe che Mussolini aveva ben notato e saputo di cosa stesse facendo la Principessa e sembra che a tal proposito sia intervenuto in un suo dei suoi discorsi:

> Un passo del breve discorso pronunciato dal balcone di Palazzo Venezia, dopo il discorso di Scorza all'Adriano laddove dice "Piombo per i traditori di qualunque rango e razza", viene interpretato come un'allusione alla Principessa Maria José la quale si agiterebbe alquanto ed avrebbe continui contatti "informativi" con varie persone, anzi si afferma che il Duce avrebbe fatto sapere per interposta persona alla Principessa che tale passo alludeva a lei. Si mormora pure che la Principessa fa fare delle pressioni presso il Re, affinché questi si decida di procedere alla pace separata. Ma il Re non si deciderebbe ad alcuna iniziativa in tale direzione, perché temerebbe che i tedeschi in vista del tradimento italiano, facessero uso dei gas contro le città e le popolazioni dell'Italia; in questa eventualità gli anglosassoni lascerebbero fare ed anzi starebbero alla finestra per vedere come un traditore distrugge l'altro[46].

La Santa Sede organizzò, inoltre, sempre tramite Montini abile nel creare agganci diplomatici, delle trattative segrete sia con l'inviato

---

[45] *Messaggio di Natale del Papa alle Nazioni. 25 dicembre 1942.*

[46] ACS. *Ibidem.* Lettera datata *Roma 19 Maggio 1943.*

speciale di Roosevelt presso Pio XII, Myron Taylor che con Samuel Hoare, ambasciatore inglese a Madrid, per portare l'Italia fuori dalla guerra tedesca; fu, a tal proposito inviato in missione segreta a Lisbona il diplomatico italiano Emo di Capodilista. Fu la stessa Principessa, e siamo proprio nei giorni della caduta del fascismo, a comunicare ad Aquarone dei risultati raggiunti col Vaticano per le trattative di resa, in modo che venissero comunicati al re il quale avendo saputo degli accordi tra la nuora e Montini, mise il veto al fatto che si trattasse con il Vaticano, anche perché aveva ormai già presa l'agognata decisione di chiudere con Mussolini e di affidare il governo a Badoglio.

Liquidato Mussolini e scoperta l'operazione di mediazione internazionale svolta da Maria José, per Vittorio Emanuele III era giunto il momento di allontanare la nuora che, se da un lato la vedeva come ostacolo per le trattative che già si stavano prendendo con gli anglo-americani, dall'altro, aveva compreso alquanto furibondo e a malincuore, che quella "mina vagante" della nuora si era comportata come avrebbe dovuto fare un uomo di casa Savoia: forse il Re si aspettava che queste iniziative di carattere prettamente politico le avesse prese il figlio, uscendo finalmente allo scoperto dimostrando di avere l'indole e la condotta atte a poter finalmente governare il Paese che si accingeva a distaccarsi dalla Germania e ad uscire dalla guerra.

Il 6 agosto del 1943, infine, Vittorio Emanuele III ricevette nel suo studio al Quirinale la nuora con la quale i rapporti erano ormai tesissimi per reciproche difficoltà di sopportazione; Il colloquio fu breve e per la principessa si trattò solo di ascoltare ciò che il suocero aveva deciso in proposito: primo, di troncare immediatamente ogni rapporto con i rappresentanti dell'opposizione antifascista, che adesso non erano più visti come nemici della Corona; secondo, smettere immediatamente ogni attività politica e di trattative segrete avallate dal Vaticano; terzo - punizione più grande - partire l'indomani con i figli, accompagnata dalla cognata Jolanda, per Sant'Anna di Valdieri, lo chalet da caccia sabaudo posseduto nel cuneese; quarto non muoversi da quel luogo fino a nuovi ordini. Fondamentalmente il re relegava la nuora in esilio, liberandosi finalmente della presenza di quella donna che non aveva mai ben sopportato, ma soprattutto perché in quel momento ogni azione non contemplata avrebbe potuto impedire l'armistizio con danni ancora più gravi di quelli che già si prevedeva che si sarebbero registrati. Di questo colloquio Puntoni annota nel suo Diario, il 9 agosto:

il Sovrano mi dice che ha dovuto parlare un po' rudemente poiché ha saputo che la Principessa non è aliena ad occuparsi di politica, «le ho fatto capire chiaramente che in Casa Savoia le donne non debbono assolutamente entrare negli affari di Stato»[47].

Nei suoi diari Maria José, invece a tal proposito, annota:

Il re si è dimostrato cortese con me. Mi disse che avrei dovuto partire subito per ragioni di sicurezza. Cioè per mettere i miei figli e me stessa al riparo in Piemonte […]. Rivelò soltanto, riferendosi alle mie iniziative, che io incontravo spesso persone con le quali non avrebbe voluto incontrarsi lui […] era implicito, nelle sue parole, l'invito a interrompere una certa azione politica. Debbo anche precisare che quando mi chiesero di non occuparmi più di certi problemi, io mi inchinai a quegli ordini. Partii per Sant'Anna secondo le istruzioni ricevute, insieme con mia cognata la contessa Jolanda Calvi di Bergolo. Posso aggiungere che non fui certo felice di lasciare Roma. Soprattutto in quel momento[48].

All'amico Zanotti Bianco confiderà:

[…] Ho avuto oggi l'ordine di partire per S. Anna di Valdieri e di non muovermi di là. Loro hanno riacquistato la loro libertà, io perdo la mia. Mi accusano di aver complottato con i liberali, io donna! E di aver favorito un movimento per la reggenza. Pare che il re sia furente per l'ostilità sempre più vasta e più esplicita del popolo italiano contro di

---

[47] P. Puntoni, *Parla Vittorio Emanuele III,* Il Mulino, Bologna 1993 pag. 153-154.

[48] S. Bertoldi, *L'ultimo re l'ultima Regina*, Rizzoli, Milano 1992 pag. 120.

lui, come se fossi stata io a crearla, e irritatissimo è anche il principe, come sempre succube del padre.

[…] Mi credono realmente sì forte, io che sono così isolata, da creare un movimento d'opinione pubblica nel paese. Se sapesse come mi sento umiliata di dover sopportare queste imposizioni senza poter reagire. Ho degli impeti di collera che mi travolgono. In questi anni più d'una umiliazione ho subito; ma ho sempre pensato ch'era lo scotto che dovevo pagare per la libertà della mia anima […] devo espiare gli anni che non sono stata con loro. Devo espiare la fede che ho avuto inizialmente con Mussolini. La sua vitalità di fronte alla freddezza indifferente dell'ambiente dei Savoia mi interessava. […] In tutti questi anni lo avrò incontrato sei o sette volte e soprattutto per ragioni del mio servizio sanitario; vi era forse una curiosità in me che prevaleva sulla repulsione morale. Lo vidi l'ultima volta nel '40 e lo irritai perché gli dissi che invece di inviare in Alto Adige dei prefetti meridionali avrebbe dovuto scegliere persone che sapevano anche il tedesco e comprendessero la psicologia di quelle popolazioni.

[…] In casa Savoia le donne non hanno mai fatto politica. Ancora la vecchia concezione della donna che fa la calza e si occupa solo dei figlioli. Per fortuna gran parte della mia attività gli è ignota se no mi avrebbe confinato ben prima d'ora. In certi momenti vorrei abbandonare il paese con i miei figli per far sentire loro che non hanno il diritto di trattarmi come un'inferiore[49].

Circa i rapporti intercorsi tra lei e il conte stesso aggiunse, in tono confidenziale: «Sa che al re sono stati consegnati tutti i *dossiers* trovati nella camera di Mussolini? C'erano anche degli incartamenti che ci riguardavano; prendeva nota di tutti gli incontri, di tutti i nostri colloqui, sarei curiosa di vederli!»[50].

---

[49] Umberto Zanotti Bianco, *La mia Roma Diario 1943-1944*, Piero Lacaita Editore, Manduria (BA), 2011, pag. 26-28.

[50] *Ivi, op. cit.* pag. 29.

Libera da vincoli

La svolta decisiva della firma dell'armistizio era avvenuta senza che Maria José ne fosse informata; per maggiore sicurezza, però, era stata trasferita prima nel vicino Castello di Sarre, e poi in Svizzera a Montreaux in un primo momento e a Oberhofen successivamente, in territorio neutrale, dove i tedeschi e Hitler in prima persona non avrebbero potuto ripercuotere la propria rabbia contro il governo italiano catturando lei o il figlio, secondo in linea di successione al trono; l'otto settembre apprese dalla radio, come il resto della nazione, che «la guerra continua al fianco degli alleati contro il nemico tedesco». Incurante di quelli che potessero essere i reali pericoli a cui sarebbe andata incontro la principessa continuò a svolgere la sua normale attività di ispettrice della Croce Rossa con le consuete visite negli ospedali, nei centri dove erano ricoverati i bambini e nei campi in cui vi erano gli internati italiani. Abbandonata dalla *corona* e priva di ogni comunicazione col marito e col resto della famiglia, impossibilitata a prendere decisioni che riguardassero il suo futuro o quello dei figli, si astenne da ogni attività politica, riprendendo, però, i contatti con Einaudi, Zanotti Bianco e con le altre personalità dell'antifascismo, rifugiate anche loro in Svizzera. Ebbe, inoltre, frequentazioni con i partigiani che stavano conducendo, nel nord non ancora liberato, una guerra civile nel nome della libertà, quella libertà in cui essa stessa credeva e che, invece, i partigiani combattevano colpendo, assieme ai tedeschi, anche gli stessi fratelli italiani. Fu protagonista, così, di alcune rocambolesche imprese in soccorso dei partigiani, portando loro armi e affiancandoli in operazioni segrete sul Gran San Bernardo. Aveva capito che si era giunti al momento in cui il solo intervento di un membro di Casa Savoia nella guerra partigiana avrebbe portato la monarchia a riscattare almeno in parte l'immagine di antica e valorosa casa regnate. Allontanata dal suocero dall'attività politica, non poteva certo mettersi lei in prima persona e soprattutto alla luce del sole ad affiancare le operazioni partigiane: attendeva per lo meno ordini dal marito, nella speranza che anche lui fosse arrivato alla conclusione di abbandonare le statiche idee paterne. Ma, né dal marito, né da nessun altro membro della famiglia arrivò alcun segnale; in effetti, sembrò che tutti si fossero realmente dimenticati di quella parte della famiglia reale esiliata in Svizzera: nessuna lettera, nessuna telefonata, nessun contatto neanche tramite altre persone; l'esilio elvetico risulterà molto lungo, durando ben venti mesi. In attesa che qualcosa o qualcuno si muovesse, la principessa continuò a facilitare le operazioni dei partigiani, fornendo loro armi, acquistate anche a caro prezzo, portandogliele in prima persona, senza intermediari fino a quelle zone di confine come Campione d'Italia, rischiando di essere scoperta soprattutto dai tedeschi che se avessero capito che la Principessa non rispettava i suoi obblighi di "rifugiata politica" in territorio neutrale, avrebbero accusato principalmente le autorità svizzere di scarso controllo o di collaborazionismo.

Fu spronata da tutti gli ex antifascisti a prendere molto più seriamente e con maggiore eroismo l'attività partigiana, ma tali imprese, come detto, le furono moralmente impedite per paura personale e, soprattutto, per paura che si percuotessero sui piccoli principini; infatti, nei suoi diari confessò:

> Debbo dire che fu una tortura per me resistere agli inviti insistenti di questi amici, i quali mi esortavano a prendere parte attiva alla lotta clandestina. Una volta fui proprio sul punto di mettere gli sci e attraversare le Alpi, per raggiungere un comando partigiano dell'Italia del Nord. Il mio temperamento mi portava ad agire anziché rimanere spettatrice. C'era però a frenarmi la parola che avevo dato al governo elvetico, avvertivo inoltre un senso di responsabilità verso iniziative che, anche se nate dall'entusiasmo e dalla più assoluta buona fede avrebbero potuto creare difficoltà politiche all'interno del Paese[51].

Furono queste le parole con cui la principessa mise fine a quelle idee nate negli ambienti *rivoluzionari* che volevano nominare lei reggente, mettendo sul trono il piccolo Vittorio Emanuele e avviando,

---

[51] *Cfr.* S. BERTOLDI, *op cit.,* pag. 149.

così, una nuova fase della vita politico-istituzionale italiana a partire dalla Sardegna, da sempre dominio sabaudo. Fu la stessa Maria José ad interrompere queste operazioni portate avanti da Edgardo Sogno, il leggendario comandante partigiano della banda Franchi, pronto a paracadutarsi assieme a lei sull'isola sarda; la stessa principessa più tardi affermò: «come si fa a proporre una reggenza in Italia mentre sono ancora vivi i gloriosi maschi di Casa Savoia».

I mesi passarono lenti e inesorabili e l'unica buona notizia ricevuta fu che Vittorio Emanuele si era finalmente deciso a trasferire i poteri al figlio Umberto, ritirandosi così a vita privata, affidando il 12 aprile 1944 alla radio il seguente messaggio al popolo italiano:

> [...] il popolo italiano sa che sono sempre stato al suo fianco nelle ore gravi e nelle ore liete. Sa che otto mesi or sono ho posto fine al regime fascista e ho portato l'Italia nella lotta di liberazione contro il nazismo. Il nostro contributo alla vittoria è e sarà sempre più grande. Verrà il giorno in cui guarite le nostre ferite, riprenderemo il nostro posto, da popolo libero accanto a nazioni libere. Ponendo in atto quanto ho già comunicato alle autorità alleate e al mio governo, ho deciso di ritirarmi dalla vita pubblica, nominando Luogotenente Generale mio figlio Principe di Piemonte. Tale nomina diventerà effettiva, mediante il passaggio materiale dei poteri, lo stesso giorno in cui le truppe alleate entreranno in Roma. Questa mia decisione che ho ferma fiducia faciliterà l'unità nazionale, è definitiva e irrevocabile.

Vittorio Emanuele III a Roma non tornerà mai più. Umberto, pur essendo Luogotenente *in pectore* da questo momento, avrà la totale autonomia e la totale libertà e autorità di poter regnare, così come aveva previsto ed acconsentito il padre:

> [...] Sulla relazione del Presidente del Consiglio dei Ministri e sentito il Consiglio stesso abbiamo ordinato e ordiniamo quanto segue: il nostro amatissimo figlio Umberto di Savoia, Principe di Piemonte, è nominato nostro Luogotenente Generale.

Sulla relazione dei ministri responsabili egli provvederà in nome nostro a tutti gli Affari dell'Amministrazione ed eserciterà tutte le prerogative regie, nessuna eccettuata, firmando i Regali Decreti[52].

Divenuto luogotenente, Umberto si preoccupò di riprendere i contatti col popolo tutto, ma principalmente con l'esercito abbandonato l'otto settembre ed in balìa degli eventi; a distanza di oltre un anno e mezzo, quindi sentì il dovere di farsi vivo, proprio con quei soldati di terra, di mare e dell'aria:

[…] Nell'assumere la luogotenenza generale del regno affidatami dal mio Augusto Genitore, il mio primo pensiero va alle Forze Armate Italiane che, nelle ore dolorose attraversate dalla Patria, hanno saputo mantenersi fedeli alle loro nobili tradizioni. A tutti i soldati d'Italia che in Patria ed oltremare combattono od operano a fianco dei valorosi soldati alleati, che ne sorreggono e potenziano lo sforzo, invio il mio saluto affettuoso.

Oltre le linee, a decine di migliaia, i vostri compagni hanno impugnato le armi e combattono l'oppressore, esponendo se stessi ed i propri cari ad ogni rischio ed alle più barbare rappresaglie.

Nei campi di prigionia i nostri fratelli chiedono e sperano di poter nuovamente impugnare le armi.

Numerosi sono i caduti, numerosi sono i martiri, immolatisi per la Patria; a loro il nostro pensiero ammirato, commosso e riconoscente e la promessa di valorizzarne e di vendicarne i sacrifici. Il nostro popolo ha dato l'esempio più elevato di forza morale e di capacità di ripresa, dopo una guerra non sentita e non voluta, ma pur sempre eroicamente combattuta. Dure prove vi attendono ma io sono sicuro che il vostro amore per la Patria, il vostro attaccamento ai grandi ideali di libertà e di giustizia, il vostro valore ed il vostro spirito di sacrificio – non mai offuscati – sapranno vincere ogni ostacolo.

Mentre a Roma sventola di nuovo il tricolore sulla via che i martiri ed i caduti hanno tracciato fraternamente legati alle truppe delle Na-

---

[52] Decreto Regio emanato a Ravello il 5 giugno 1944.

zioni Unite, continueremo, moltiplicando i nostri sforzi e tenendo le
nostre volontà con la certezza che la Patria risorgerà per riprendere
in modo pacificato e migliore il posto che le compete come Madre
di ogni progresso e di ogni civiltà.
Di questa rinascita voi sarete gli artefici più meritevoli e migliori.
Viva l'Italia[53].

Maria José, appresa la notizia, credette che era ormai giunto il
momento di rientrare a Roma a fianco del marito in questa nuova impresa della luogotenenza e di potere, infine, da questo momento avere
un ruolo predominante per il nuovo corso della politica italiana; ma
da Roma, però, nessun segnale di riavvicinamento; perciò le sembrò
sempre di più che nemmeno ad Umberto interessasse la sorte della
moglie e dei figli.

L'Italia, infine, fu liberata, ma a Maria José non veniva ancora dato
il permesso di raggiungere il marito al Quirinale; annoiatasi dell'attesa
la mattina del 29 aprile 1945, dopo quasi due anni di assenza dal territorio italiano, la principessa si mise in cammino: sacco in spalla, scarpe
chiodate, attraversò le Alpi, come una comune reduce, accompagnata
soltanto da una guida e dal marchese Giovanni Resta di Pallavicino
che, preso dalla stanchezza, si arrese sul passo del Gran San Bernardo.
Aiutata da alcuni partigiani giunse al castello di Sarre in Val d'Aosta,
dove si fermò per quasi un mese «cibandosi con la verdura dell'orto e
le uova raccolte nel pollaio del guardiano»[54]. Il viaggio fino a Roma fu
lungo e travagliato, infatti, il 28 maggio giunse a Racconigi e successivamente si trasferì a Torino, e solamente il 16 giugno sbarcò a Roma
su di un aereo militare messo a disposizione dagli alleati e poté così,
a distanza di quasi due anni, riabbracciare il marito a cui la legava ormai solamente un freddo e composto affetto, dovuto e voluto più per
ragioni diplomatiche e di apparenza che per quell'amore di coppia che
si era andato dissolvendo nel lungo periodo di lontananza e solitudine.

---

[53] Proclama di Umberto di Savoia diramato il 9 luglio 1944 e pubblicato sulle testate
giornalistiche il giorno 10.

[54] *Cfr.* G. SPERONI *Umberto II*, Bompiani, Milano 2004.

Siccome la figura del luogotenente non prevedeva il corredo di una moglie al seguito, Umberto non fu mai accompagnato in visite ufficiali dalla principessa, alla quale aveva imposto di non occuparsi di politica attiva e di non riprendere a frequentare quegli ambigui personaggi, un tempo antifascisti convinti ed ora repubblicani sicuri. Maria José aveva ormai perso quella *verve* di donna avversa alle regole impostegli e rassegnata dovette obbedire a quelle che erano le direttive volute dal marito che, dopo due anni di lontananza, ai suoi occhi, appariva ormai un totale estraneo. Si occupò attivamente della beneficenza, organizzando all'interno del Quirinale una sorta di ospedale caritatevole pediatrico, dove venivano serviti, oltre alle visite mediche, anche pasti caldi per la popolazione di quella Roma che la guerra aveva reso povera e priva di quei necessari mezzi di sussistenza, così come Roberto Rossellini ci ha raccontato nel film *Roma città aperta*.

Umberto, da parte sua, dimostrò in questo difficile momento di passaggio, tutte le sue buone intenzioni per far capire che la situazione italiana era cambiata e stava cambiando e con essa anche la monarchia: diede maggiore spazio a tutte le voci politiche di partito, ricevette indistintamente tutti gli uomini politici, sia democristiani che comunisti, i quali, in effetti, già pensavano di formare un governo ostile alla sua persona e all'istituto monarchico che si apprestavano a divenire i fautori dello scontro elettorale tra tutti gli italiani che si verificò nel referendum del 2 giugno 1946. Maria José, dal canto suo, pur non sentendosi più legata affettivamente al marito lo appoggiava e ne condivideva tutte le decisioni strategico-politiche volte al mantenimento della monarchia e vide finalmente il marito, scrollatosi di dosso l'ingombrante figura paterna, cambiato e pronto a prendere in mano una corona democraticamente più vicina a tutta la nazione.

Il 9 maggio mentre Vittorio Emanuele III si vide costretto ad abdicare in favore del figlio, Maria José, allontanata dall'*entourage* del marito quello stesso giorno era in visita all'Abbazia di Montecassino, distrutta dai bombardamenti tedeschi; solo al rientro al Quirinale, a notte inoltrata, apprendeva indirettamente dall'autista che, nel farla scendere dall'autovettura chiamandola "Maestà", era diventata la quarta regina d'Italia.

I pochi giorni di regno che passarono dall'investitura alla partenza per l'esilio, dopo essersi affacciati al balcone del Quirinale la mattina del 10 maggio, in quella che sarà l'ultima immagine di una famiglia unita, felice e serena, Umberto e Maria José li trascorreranno in modo totalmente differente; mentre il re girò tutta l'Italia in campagna elettorale, alla ricerca dei voti che gli permettessero di non lasciare il paese, Maria José trascorse questi giorni con totale disinteresse, meditando su quella che sarebbe stata la sua vita futura, già sapendo che per la monarchia non c'era alcuna via di scampo; rimarrà addirittura sconcertata dall'elevato numero dei voti che riuscirà ad accaparrarsi Casa Savoia: credeva, e se ne vergognava in partenza, di arrivare a raggiungere il 15 per cento dei consensi elettorali. Totalmente avulsa dalla causa monarchica, non partecipò ad alcuna manifestazione pro monarchia, né intrecciò alcun legame con quei personaggi politici che vedevano nel marito una persona seria e forse pronta a dare un nuovo corso alla monarchia italiana. In effetti in tutto il periodo della luogotenenza, Umberto non aveva mai dato adito, indistintamente, a tutte le forze politiche, se non a quelle più estreme, di attacchi violenti e persone come Croce o lo stesso De Gasperi avevano cambiato parere sul giudizio del re, vedendolo principalmente come una persona per bene, chiara e decisa; si udì Ferruccio Parri esclamare: «devo riconoscere che sarebbe il migliore dei re»[55]. E Luigi Einaudi, futuro Capo di Stato: «Il re fin dal primo giorno di luogotenenza è stato un esempio di coscienza del dovere, di spirito democratico e di correttezza costituzionale»[56].

Maria José, così come Umberto, sentivano un bisogno quasi purificatore di rendersi utili verso i più deboli come per trovare in questo la giustificazione a quel titolo regale divenuto molto controverso in un nascente ambiente democratico. Pacchi di biancheria e generi alimentari partivano per ospedali oppure per povere abitazioni private, ogni volta che la regina rientrava a palazzo da qualcuno dei suoi giri. Confidò all'eterno amico Zanotti Bianco in quei giorni:

---

[55] L. REGOLO, *op. cit.* pag. 512.

[56] *Ibidem,* pag. 523.

Potrei vivere tra la gente semplice, naturale. Tra gli artigiani e i contadini, ma quel gelido vuoto, antispirituale Quirinale mi prende l'angoscia al solo pensarci. È stancante questa attesa, non c'è nulla che stanchi più di quest'angoscia. Ma bisogna accogliere il responso popolare qualunque esso sia[57].

Il 2 giugno, in un clima di calma apparente, si svolsero le tanto attese elezioni per la Costituente e per la forma istituzionale da dare al nuovo Paese: repubblica o monarchia. Maria José si recò a votare la domenica sera nella sezione di Largo Brazzà, accompagnata dal giornalista Manlio Lupinacci; votò Saragat per la Costituente e non votò per il re, ritenendo quella del voto per la monarchia una scelta molto poco *chic*. I giorni che seguirono al voto furono giornate piene di contraddizioni col susseguirsi di scelte politiche, con il rincorrersi di telefonate, telegrammi e visite di ministri nei saloni del Quirinale tanto da rendere tutto il contesto molto teso e molto convulso.

Che nelle elezioni e nel seguente spoglio dei voti si registrarono i famosi brogli elettorali è ormai un dato di fatto a partire dal numero di votanti e dal numero di schede elettorali consegnate: basti pensare che alla stessa famiglia reale furono consegnati ben due certificati ognuno ad Umberto e Maria José; al Quirinale furono, inoltre, recapitate le schede di Jolanda, morta più di un anno prima, e della regina Elena e Vittorio Emanuele III in esilio da oltre un mese, ai quali furono recapitati anche a Villa Maria Pia a Napoli e sono questi avvenimenti che la dicono lunga su come realmente sia nata la Repubblica in Italia.

Per il conteggio definitivo dei voti ci vollero giorni e giorni. Tra schede bruciate, schede ritrovate sui greti dei fiumi, la minaccia dell'invasione russa alla frontiera di Trieste e la paura di una nuova guerra civile fecero prendere la repentina decisione al re di far imbarcare subito e senza alcun indugio la moglie da Napoli per il Portogallo, anche se ella invano chiese di poter trascorrere solo qualche altro giorno a Napoli per poter rivivere quegli anni di spensieratezza in cui sbocciò l'amore tra lei e Umberto.

---

[57] *Ibidem*, pag. 514.

È finita! Mentre Maria José si trova già sulla rotta del Portogallo, Umberto, convinto che vi siano state delle grosse irregolarità nel conteggio dei voti, e non volendo scatenare una nuova guerra civile, tra quello che riteneva essere il suo popolo lasciò anche lui, il 14 giugno, il Paese, affidandogli così il suo ultimo proclama:

> [...] Confido che la magistratura, le cui tradizioni di indipendenza e di libertà sono una delle glorie dell'Italia, potrà dire la sua libera parola; ma non volendo opporre la forza al sopruso, né rendermi complice della illegalità che il Governo ha commesso, io lascio il suolo del mio Paese, nella speranza di scongiurare agli italiani nuovi lutti e nuovi dolori. [...] A tutti coloro che ancora conservano la fedeltà alla monarchia, a tutti coloro il cui animo si ribella all'ingiustizia, io ricordo il mio esempio, e rivolgo l'esortazione a voler evitare l'acuirsi di dissensi che minaccerebbero l'Unità del Paese, frutto della fede e del sacrificio dei nostri padri e potrebbero rendere più gravi le condizioni del trattato di pace.
> Con l'animo colmo di dolore, ma con la serena coscienza di aver compiuto ogni sforzo per adempiere ai miei doveri, io lascio la mia Patria. Si considerino sciolti dal giuramento di fedeltà al Re, non da quello verso la Patria, coloro che lo hanno prestato e che vi hanno tenuto fede attraverso tante durissime prove. Rivolgo il mio pensiero a quanti sono caduti nel nome d'Italia ed il mio saluto a tutti gli italiani. Qualunque sorte attenda il nostro Paese, esso potrà sempre contare su di me come sul più devoto dei suoi figli. Viva l'Italia.

È fin da questo momento e da queste parole che si può capire il futuro destino di Umberto, infatti da quel 13 giugno il re non rientrerà più nella sua amata Patria; non tenterà mai nessuna azione di rivalsa nei confronti del Parlamento, ma soprattutto non si udiranno mai dalla sua persona parole contro qualsiasi personaggio, sia esso politico o pubblico italiano nei quasi quarant'anni di esilio. L'Italia dal canto suo non si mostrerà altrettanto gentile con quel cortese e garbato signore nemmeno quando, ormai prossimo alla morte, chiederà di poter rivedere e morire in quello che continuava a ritenere il suo Paese, lui che in fondo, da quel gran signore qual'era, sarebbe stato un re democratico, moderno e aperto ai problemi tutti dell'Italia; ma l'Italia e la sua politica si sa era fatta ed è fatta tutt'ora in questo modo e cioè prima di prendere una di quelle decisioni che andrebbero prese in quarantott'ore si fanno passare degli inutili e interminabili anni con inutili discussioni, recriminazioni ed appellandosi, inoltre, ad inutili e sfortunati ricordi.

Maria José, dal canto suo, a differenza della prozia che si riterrà per tutta la vita la regina di Napoli sfrattata dagli usurpatori, non farà mai più sentire quella sua voce roca, resa così dagli anni a dall'eccessivo fumo, di agitatrice e promotrice di quelle idee moderne e socialiste che avevano pervaso la sua esistenza negli anni vissuti in Casa Savoia. Ritiratasi a vita molto privata, lasciato da subito il marito in Portogallo, con il quale i rapporti familiari, se non quelli di pura facciata, erano finiti già da anni, e trasferitasi con i figli in Svizzera vivrà, in silenzio e all'oscuro da quelle luci della ribalta che l'avevano fondamentalmente sempre attratta, moltissimi anni nel ricordo della sua amata Italia che, una volta divenuta vedova – Umberto, ammalato di cancro, morirà l'8 marzo 1983, da solo in una stanza di una clinica ginevrina – , riuscirà a rivedere nel 1988, grazie all'intervento dell'ex amico partigiano Sandro Pertini, per ironia della sorte divenuto nel frattempo il più pacato, morigerato e soprattutto il più amato Presidente della Repubblica italiana. Si spegnerà avanti negli anni il 31 gennaio 2001 in Svizzera non dopo aver concesso tanto ai giornali quanto alle televisioni italiane delle lunghe interviste nelle quali ha voluto chiarire, una volta per tutte e a scanso di equivoci storici, in cui poteva incappare tanto lei quanto tutta la dinastia Savoia, quello che era stato il suo ruolo istituzionale di principessa, accanto ad un marito del quale non assecondava determinate decisioni, principalmente quella di non essere stato capace di opporsi all'autorità paterna; ribadì con immutata e coerente convinzione il suo ruolo di antifascista attiva che l'aveva portata, nella lotta della resistenza, al fianco dei partigiani. Durante queste interviste televisive, concesse a distanza di anni allo storico Nicola Cracciolo, l'ex regina non ha mai accusato né il marito, col quale negli anni ha sempre mantenuto un legame di cordiale amicizia, né Vittorio Emanuele III di essere stati complici del fascismo e di Mussolini, o di aver ordito trame contro la sua persona; in effetti Maria José, si è comportata sempre da vera regina, senza mai far trapelare quanto ha dovuto sopportare negli anni da tutto l'entourage reale.

Alla luce dei fatti qui esposti possiamo vedere come risultarono essere veritiere e profetiche, per Maria José, quelle poche parole di disappunto sul matrimonio che molti decenni prima gli aveva pre-annunciato la prozia Maria Sofia, prevedendo quello che sarebbe poi realmente avvenuto.

CONCLUSIONI

Dopo aver attentamente analizzato i fondamentali tratti biografici di queste due donne così carismatiche e affascinanti appaiono subito evidenti le grandi affinità, sia nel carattere che nel personale modo di agire, che le hanno unite: esse, attraverso le loro vicende personali hanno orientato i radicali cambiamenti che hanno subìto i rispettivi regni; entrambe si sono presentate alle corrispettive corti ed ai relativi sudditi, che da subito le hanno accolte, amate ed acclamate, cariche di tutta l'autorità e la seduzione che le ha contraddistinte, tanto negli aspetti positivi quanto in quelli negativi. La prima e fondamentale somiglianza è data dal fatto che sono state due principesse fortemente "democratiche", in quanto cresciute all'interno di due moderne e liberali monarchie, giunte presso due corti fondamentalmente "conservatrici", addirittura due monarchie, quella borbonica e quella sabauda, incostituzionalmente arcaiche, dedite per lo più al mantenimento della genìa, fondamentalmente perché così era stato tramandato per secoli dai rispettivi avi: due case regnanti prive di quello slancio e quell'autorevolezza che avrebbe permesso tanto a Francesco II prima, quanto ad Umberto II, oltre ottant'anni dopo, di poter continuare a regnare su quella moltitudine di sudditi che, fondamentalmente, amava e voleva continuare ad essere guidata dai propri sovrani.

In effetti, Maria Sofia e Maria José si sono presentate alla corte ed al popolo cariche di quella freschezza e soprattutto di quel notevole bagaglio intellettuale e culturale maturati nella case reali di appartenenza, quella bavara e quella belga, superiori entrambe sia per cultura che per autorevolezza politica; le due principesse erano dotate, per di più, di quello slancio intrepido e coraggioso mancato totalmente ai rispettivi mariti, cresciuti in ambienti molto più convenzionali e freddi ma, soprattutto, legati fondamentalmente a quella rigida etichetta di corte in cui si parla se interrogati e dove si regna e si decide, tassativamente ed in modo strettamente personale uno per volta.

Entrambe erano state sottoposte ad una politica di alleanze matrimoniali: Maria Sofia fu scelta da Ferdinando II perché di indole e carattere forte e giusta, quindi, da affiancare ad un uomo mite e debole quale era il figlio Francesco; Maria José, invece, fu abilmente scelta da Vittorio Emanuele III per dare freschezza di sangue alla dinastia che aveva visto in lui, nato da un matrimonio tra consanguinei, un infelice e deforme nel fisico, motivo per cui egli si preoccupò, tra le altre cose, di andare a scegliere la sposa per il figlio in una stirpe che avrebbe permesso buoni risultati.

Le due principesse risultarono essere dotate di quella libertà e disinvoltura nei costumi, nei modi di pensare, in quelli di agire, finanche negli audaci comportamenti sessuali (in antitesi al rigoroso bigottismo determinato, nei secoli, dalla vicina chiesa cattolica), che le portò ad essere temerarie ed audaci nelle fondamentali decisioni prese: si uniranno alle forze che rappresentarono, nei rispettivi momenti storici, l'antistato costituito il primo dai briganti ed il successivo dai partigiani. Maria Sofia si unirà ai briganti, quale unica ancora di salvezza per il ritorno sul trono; Maria José si unirà ai coraggiosi e combattenti partigiani che, in quel momento cruciale che attraversò il Paese, dopo l'otto settembre, rappresentarono l'unica forza pronta a scacciare, insieme ai tedeschi, la monarchia stessa. È in questo frangente che si nota l'unica differenza fra le due regine che è consistita, da parte di Maria Sofia il non aver mai accettato con gli "usurpatori" Savoia l'esilio e non aver mai creduto e riconosciuto lo Stato Nazionale italiano, ed aver tentato fino all'ultimo la riconquista del trono; mentre la pronipote Maria José, dal canto suo, ha da subito accettato l'esilio e la nascita della democrazia nel Paese e non ha mai agito né con azioni né, tantomeno, con attacchi verbali, contro lo Stato Repubblicano. In effetti, la prima non accettò mai la perdita del trono, la seconda, invece, non lo invocò mai.

Entrambe rimarranno fortemente deluse dai rispettivi consorti, colpevoli di codardia per non aver saputo essere determinanti nei momenti cruciali e fondamentali per la tenuta del Regno – l'avanzata di

Garibaldi in un caso e quella della politica comunista e antimonarchica nell'altro –, per non aver intrapreso quelle estreme azioni di forza per cui un re è pronto a tutto pur di mantenere in vita il proprio Regno, anche a discapito della propria di vita; colpevoli di non essersi attrezzati contro l'avanzata del nemico, poiché entrambi troppo galantuomini ma anche troppo deboli per prendere quelle decisioni forti e decisive che li avrebbe condotti agli onori della storia. Fu proprio in seguito a quelle decisioni non prese da parte di Francesco e di Umberto che le rispettive consorti prenderanno, invece, quella che sarà la decisione più importante della loro vita ma anche la più dura e difficile da far capire, soprattutto all'opinione pubblica, che sarà quella della separazione: da regine in esilio, infatti, inizieranno a condurre vita propria ed autonoma lontane dai rispettivi mariti, invecchiati e rattristati prematuramente.

In definitiva, il temperamento, il carattere e le gesta di queste due donne risultano essere, come si è potuto notare in questo scritto, effettivamente molto somiglianti il che ci fa davvero pensare che il sangue che scorreva nelle vene dell'ultima regina d'Italia risultò essere lo stesso che, decenni prima, era scorso in quelle dell'ultima regina di Napoli.